FOM-Edition

Kompakt

Reihe herausgegeben von
FOM Hochschule für Oekonomie & Management, Essen, Deutschland

Bücher, die relevante Themen aus wissenschaftlicher Perspektive beleuchten, sowie Lehrbücher schärfen das Profil einer Hochschule. Im Zuge des Aufbaus der FOM gründete die Hochschule mit der FOM-Edition eine wissenschaftliche Schriftenreihe, die allen Hochschullehrenden der FOM offensteht. Sie gliedert sich in die Bereiche Lehrbuch, Fachbuch, Sachbuch, International Series sowie Dissertationen. Seit 2023 ergänzen zudem die Reihen FOM-Edition Kompakt und FOM-Edition Studium kompakt, mit denen komprimierte Inhalte kurzfristig herausgegeben werden können, das Portfolio.

Die Reihe FOM-Edition Kompakt ist thematisch breit gefächert. Die Bände der Reihe behandeln in knappem, schnell rezipierbarem Umfang hochaktuelle Themen und gegenwärtige Fragestellungen, die es Leserinnen und Lesern aus Wissenschaft und Praxis ermöglichen, sich schnell auf den neuesten Stand zu bringen.

Henrik Dindas · Katrin Keller

Digitale Prüfungen an Hochschulen im Zeitalter der KI

Zwischen Automatisierung, Adaptivität und akademischer Integrität

Henrik Dindas
FOM Hochschule für Oekonomie &
Management
Essen, Deutschland

Katrin Keller
FOM Hochschule für Oekonomie &
Management
Essen, Deutschland

ISSN 2625-7114　　　　　　　　ISSN 2625-7122 (electronic)
FOM-Edition
ISSN 2947-2032　　　　　　　　ISSN 2947-6232 (electronic)
Kompakt
ISBN 978-3-658-50529-5　　　　ISBN 978-3-658-50530-1 (eBook)
https://doi.org/10.1007/978-3-658-50530-1

Die Deutsche Nationalbibliothek verzeichnet diese Publikation in der Deutschen Nationalbibliografie; detaillierte bibliografische Daten sind im Internet über https://portal.dnb.de abrufbar.

Planung/Lektorat: Angela Meffert
Springer Gabler ist ein Imprint der eingetragenen Gesellschaft Springer Fachmedien Wiesbaden GmbH und ist ein Teil von Springer Nature.
Die Anschrift der Gesellschaft ist: Abraham-Lincoln-Str. 46, 65189 Wiesbaden, Germany

Wenn Sie dieses Produkt entsorgen, geben Sie das Papier bitte zum Recycling.

Was Sie in diesem Band der FOM-Edition Kompakt finden können

- Überblick über die aktuellen Entwicklungen von Digitalisierung zu Post-Digitalität und ihre Bedeutung für Lehren, Lernen und Prüfen im Hochschulkontext
- Einführung in die zentralen Diskurse rund um kompetenzorientierte Prüfungsformate, personalisierte Lernpfade und KI-gestützte Leistungsbewertung
- Konkrete Beispiele für digitale Prüfungsformate – von E-Portfolios und projektbasierten Ansätzen über mündliche Online-Prüfungen bis hin zu adaptiven, KI-gestützten Assessmentverfahren
- Reflexion der Chancen und Risiken KI-gestützter Tools, einschließlich Fragen von Transparenz, Fairness und Deskilling
- Handlungsempfehlungen für Lehrende und Hochschulen zur Gestaltung einer zukunftsfähigen, kompetenzorientierten und integritätsbewussten Prüfungskultur
- Orientierungsrahmen für Entscheidungsträgerinnen und Entscheidungsträger, Didaktikerinnen und Didaktiker sowie Lehrende, um technologische Innovationen didaktisch sinnvoll zu integrieren, ohne die Kernwerte akademischer Bildung aus den Augen zu verlieren

Vorwort

Die rasante Entwicklung Künstlicher Intelligenz und digitaler Technologien prägt zunehmend die Lehr- und Prüfungskulturen an Hochschulen. Während digitale Transformationen längst integraler Bestandteil akademischer Bildung sind, intensivieren sich die Reichweite und Wirkung KI-basierter Innovationen. Solche Innovationen eröffnen neue Möglichkeiten – von personalisierten Lernpfaden über adaptive Prüfungsformate bis hin zu automatisierten Rückmeldungen – und stellen zugleich Lehrende wie Studierende vor neue didaktische, ethische und organisatorische Herausforderungen. Dabei beschäftigen auch aktuelle Diskussionen um die Umsetzung des EU AI Acts (2024) die Hochschulen, etwa in Fragen der Regulierung, Transparenz und Verantwortung beim Einsatz von KI-gestützten Systemen. Zentrale Fragen dieses Bandes sind daher: Wie verändern KI-gestützte Tools die Prüfungs- und Lehrkultur an Hochschulen? Welche Chancen eröffnen sie für Individualisierung, Flexibilisierung und Kompetenzorientierung – und welche Risiken entstehen im Hinblick auf Fairness, Integrität und die Gefahr des Deskillings?

Der Band nähert sich diesen Fragen aus einer doppelten Perspektive: Einerseits werden Potenziale neuer Technologien herausgearbeitet – etwa die Möglichkeit, Lernprozesse individueller, inklusiver und dateninformierter zu gestalten. Andererseits werden die Grenzen und Gefahren betont, die aus unkritischer Technikbegeisterung, algorithmischer Intransparenz oder der Reduktion von Bildung auf messbare Anwendungsfertigkeiten erwachsen können. Ziel ist es, die Gestaltung digitaler Prüf- und Lernkulturen nicht als rein technische, sondern als zutiefst didaktische, kulturelle und gesellschaftliche Aufgabe zu begreifen.

Der vorliegende Band der FOM-Edition Kompakt soll eine kritische und zugleich praxisnahe Orientierung bieten. Er richtet sich an Hochschullehrende,

Didaktikerinnen und Didaktiker, Bildungspolitikerinnen und Bildungspolitiker und alle, die Prüfungs- und Lehrkulturen im digitalen Wandel aktiv mitgestalten. Ziel ist es, Denkanstöße zu geben und die Chancen der KI für eine zukunftsfähige Hochschulbildung zu nutzen – ohne dabei die Kernwerte wissenschaftlicher Bildung wie Fairness, Reflexivität und kritisches Denken aus den Augen zu verlieren.

Essen, Deutschland   Henrik Dindas
                                                                         Katrin Keller

Inhaltsverzeichnis

Über die Autorin und den Autor

Prof. Dr. Henrik Dindas ist Professor für Hochschuldidaktik und wissenschaftlicher Leiter des KompetenzCentrums für Didaktik an der FOM Hochschule in Essen. Darüber hinaus arbeitet er als freiberuflicher Berater und systemischer Coach für Hochschuldidaktik (www.hd-coaching.de) mit mehreren Jahren Erfahrung in den Bereichen Hochschuldidaktik, Hochschulentwicklung, Qualitätsmanagement und Evaluation, zum Beispiel als stellvertretender Vorsitzender für internationale Akkreditierungsaudits.

Prof. Dr. Katrin Keller ist Professorin für Gesundheitspädagogik und Personalentwicklung sowie als Prorektorin Lehre an der FOM Hochschule tätig. Sie weist langjährige Beratungs- und Trainingserfahrungen in den Bereichen Führung, Kommunikation und Personal- sowie Organisationsentwicklung (www.katrinkeller.com) auf. Ihr Leitmotiv „Menschlich denken – unternehmerisch handeln" zieht sich wie ein roter Faden durch ihre Tätigkeiten.

Hinführung – Wozu? {#chapter-1}

1

Die Digitalisierung hat die Hochschullehre in den letzten Jahrzehnten tiefgreifend verändert und neue Möglichkeiten der Wissensvermittlung eröffnet (vgl. Wunder & Giercke-Ungermann, 2025; Budde & Friedrich, 2024; Lübcke et al., 2023). Digitale Transformation, demografischer Wandel und die Dynamik einer sich stetig verändernden Arbeitswelt stellen Hochschulen dabei vor anspruchsvolle Aufgaben (vgl. Mayrberger, 2025). Studierende sind heute heterogener denn je – in ihren Bildungsbiografien, Lebensrealitäten und beruflichen Verpflichtungen (vgl. Autor:innengruppe Bildungsberichterstattung, 2024; Auferkorte-Michaelis & Linde, 2022). Besonders berufstätige Studierende benötigen flexible, praxisnahe und innovative Lehr-Lern-Konzepte, um Studium und Beruf miteinander zu vereinbaren (vgl. Nickel et al., 2018). Hochschuldidaktik bewegt sich damit in einem Spannungsfeld zwischen Bewahren und Erneuern: Sie muss bewährte Bildungsziele sichern und zugleich offen für neue Formate und Technologien bleiben (vgl. Keller & Dindas, 2025).

Vor diesem Hintergrund gewinnt die Frage an Bedeutung, wie Hochschulbildung zukunftsorientiert gestaltet werden kann – und das unter der Prämisse, dass ihre zukünftige Entwicklung inhärent unsicher bleibt (vgl. Reinmann, 2024a). Technologische Disruptionen wie Künstliche Intelligenz (vgl. Reinmann, 2024b), globale Krisen (vgl. Hochschulrektorenkonferenz, 2021) oder neue bildungspolitische Maßnahmen (vgl. Anger et al., 2025) können Rahmenbedingungen innerhalb kürzester Zeit verändern. Hochschullehre muss daher nicht nur innovativ, sondern auch flexibel und resilient konzipiert sein (vgl. Mayrberger, 2024). Gerade die rasante Entwicklung von KI und digitalen Technologien prägt diesen Transformationsprozess maßgeblich (vgl. Arbeitsgruppe Künstliche Intelligenz: Essenzielle Kompetenzen an Hochschulen, 2025). Sie hat in den vergangenen Jah-

H. Dindas, K. Keller, *Digitale Prüfungen an Hochschulen im Zeitalter der KI*, FOM-Edition, https://doi.org/10.1007/978-3-658-50530-1_1

1

ren nahezu alle Lebensbereiche erfasst und wirkt zunehmend auch auf Hochschulen (vgl. Wannemacher et al., 2025). KI-gestützte Tools eröffnen folglich neue Möglichkeiten in Lehre, Lernen und Prüfung, bringen jedoch auch neue didaktische, organisatorische und ethische Herausforderungen mit sich (vgl. Reinmann, 2023). In einem aktuellen Blogbeitrag des Hochschulforums Digitalisierung betont auch Malte Dreyer (2025), dass Hochschulen angesichts der KI-Integration eine Balance zwischen innovativem Einsatz und strategischer Selbststeuerung finden müssen. Er hebt hervor, dass KI-Adoption bislang häufig als experimenteller Prozess abläuft, ohne systematische institutionelle Verankerung. Zwar bringen KI-Systeme – etwa eigene Large Language Model-Infrastrukturen (LLM) wie HAWKI oder UniGPT – beachtliche Kompetenzgewinne für Lehrende, Studierende oder Mitarbeitende in Verwaltung und IT mit sich. Gleichzeitig bleiben Strategien zur digitalen Souveränität und Governance unzureichend entwickelt, was Hinweise darauf liefert, dass Hochschulen KI nicht nur technikorientiert einführen, sondern strukturell und politisch verankern müssen (vgl. Dreyer, 2025).

Folglich stellt sich die grundsätzliche Frage: Wozu werden KI-Technologien eingesetzt – und unter welchen Bedingungen können sie tatsächlich einen Mehrwert für akademische Bildung bieten? KI-gestützte Innovationen gehen dabei weit über die reine Automatisierung hinaus (vgl. UNESCO, 2023). Sie umfassen adaptive Lernplattformen, intelligente Tutoriensysteme, automatisierte Feedbackmechanismen und neue Prüfungsformate, die das Potenzial haben, Lernprozesse zu individualisieren, flexible Lernwege zu eröffnen und Kompetenzen wie kritisches Denken und Metareflexion zu fördern (vgl. KI-Campus, o. J.). Gleichzeitig beeinflussen sie nachhaltig, wie Wissen erworben, angewendet und geprüft wird und das bereits in der Schule (vgl. Scheiter et al., 2025). Damit sind sie nicht nur technologische Werkzeuge, sondern Treiber tiefgreifender Veränderungen der Lehr- und Prüfungskultur (vgl. Wilder & Weßels, 2024). Gleichwohl zeigt sich in der Praxis ein ambivalentes Bild: Empirische Studien belegen, dass KI-Technologien wie Learning Analytics, Chatbots oder adaptive Lernplattformen Lernprozesse gezielt personalisieren und Studierende in ihrer Selbstregulation unterstützen können (vgl. Gredel et al., 2024). Sie analysieren Lernfortschritte, geben individualisierte Rückmeldungen und schlagen adaptive Lernpfade vor (vgl. Salden & Leschke, 2024). Dies ist insbesondere für heterogene Studierendengruppen von großem Nutzen. Doch die Umsetzung bleibt häufig fragmentarisch. Technologische Barrieren, unklare ethische Leitlinien, begrenzte Ressourcen und fehlende didaktische Konzepte erschweren die nachhaltige Integration (vgl. Limburg & Buck, 2023). Lehrende und Studierende berichten zudem von Unsicherheiten im Umgang mit den Systemen, was den Bedarf an gezielter Qualifizierung und institutioneller Unterstützung verdeutlicht (vgl. Budde et al., 2024b).

Damit wird deutlich: Der Einsatz KI-gestützter Technologien in der Hochschullehre ist kein Selbstläufer. Gabi Reinmann (2024b) mahnt, dass Hochschuldidaktik die Digitalisierung aktiv mitgestalten und kritisch reflektieren müsse, statt sich nur an technische Entwicklungen anzupassen. Sie warnt vor einer unreflektierten Technikbegeisterung ohne pädagogische Fundierung sowie vor der Gefahr, dass ein übermäßiger Fokus auf Daten und Algorithmen die vertiefte inhaltliche Auseinandersetzung verdrängt (vgl. Reinmann, 2024b). Digitalisierung in der Hochschullehre ist somit nicht nur eine technische, sondern auch eine kulturelle und didaktische Herausforderung (vgl. Buck et al., 2023). Diese kritische Perspektive ist entscheidend, wenn es darum geht, Potenziale und Risiken in ein ausgewogenes Verhältnis zu bringen. Denn während digitale Technologien zweifellos Barrieren abbauen, Lernprozesse flexibilisieren und neue Formen der Reflexion fördern können (Bundesministerium für Bildung und Forschung, 2024), hängt ihr tatsächlicher Nutzen davon ab, wie sie eingeführt und mit welchem didaktischen Anspruch sie genutzt werden (vgl. Reinmann, 2025). Die Kernwerte akademischer Bildung – kritisches Denken, wissenschaftliche Redlichkeit, vertiefte Reflexion – müssen dabei gewahrt bleiben (vgl. Reinmann, 2026). Die (auch kritischen) Perspektiven verdeutlichen: Digitalisierung in der Hochschullehre ist nicht nur technisch, sondern auch kulturell und didaktisch eine Herausforderung. Während die Chancen unbestritten sind, bleibt entscheidend, wie digitale Innovationen eingeführt werden, ohne die Kernwerte der akademischen Bildung zu kompromittieren.

Der Aufbau dieses Bandes folgt dabei dieser Logik: Im folgenden Kapitel wird die Entwicklung von digitalen zu post-digitalen Lehr- und Prüfungskulturen skizziert. Kap. 3 widmet sich den Prüfungsformaten im digitalen Zeitalter und führt zu drei zentralen Schwerpunkten: kompetenzbasierte Prüfungsformate (Abschn. 3.1), personalisierte Lernpfade (Abschn. 3.2) und KI-gestützte Leistungsbewertung (Abschn. 3.3). Diese bilden die Kernperspektiven der gegenwärtigen Transformation und verdeutlichen, dass Prüfungen nicht nur technische Formate, sondern Ausdruck bildungspolitischer und hochschuldidaktischer Aushandlungsprozesse sind. Darauf aufbauend werden in Kap. 4 konkrete Handlungsempfehlungen für Hochschulen und Lehrende formuliert, bevor im Fazit (Kap. 5) zentrale Erkenntnisse gebündelt werden und ein Ausblick auf die künftige Entwicklung gegeben wird.

Von der Digitalisierung zur KI: Post-digitale Lehr- und Prüfungskulturen zwischen Innovation und Reflexion

2

Nach der Skizzierung von Entwicklungen und Herausforderungen der Hochschullehre rückt ein entscheidender Treiber dieses Wandels in den Fokus: die Digitalisierung. Sie bildet die Grundlage für neue Lehr- und Lernmethoden und ermöglicht eine zunehmend flexible, individualisierte Hochschulbildung. Virtuelle Formate, asynchrone Lerninhalte und hybride Modelle eröffnen Studierenden – insbesondere berufstätigen Lernenden – neue Möglichkeiten, ihren Bildungsweg an individuelle Bedürfnisse und Lebensrealitäten anzupassen (vgl. Eggensperger et al., 2023). Diese Entwicklungen bringen jedoch nicht nur Chancen, sondern auch Herausforderungen für die didaktische Planung und Infrastruktur mit sich (vgl. Falloon, 2020).

Hybride Lehrformate, die physische und virtuelle Lernräume verbinden, eröffnen zwar innovative Möglichkeiten, stellen aber hohe Anforderungen an die Vermittlung von Inhalten, da Präsenz- und Online-Studierende gleichermaßen adressiert werden müssen (vgl. Kohls & Dubbert, 2023). Auch asynchrone Lernangebote – etwa aufgezeichnete Vorlesungen oder digitale Übungsmaterialien – fördern die Individualisierung des Lernprozesses, benötigen jedoch durchdachte Interaktionskonzepte, die bislang oft unzureichend umgesetzt sind (vgl. Eggensperger et al., 2023). Darüber hinaus zeigen Studien, dass lange synchrone Inputphasen in digitalen Formaten die Aufmerksamkeitsspanne der Lernenden deutlich reduzieren (vgl. Eggensperger et al., 2023). Daher müssen digitale Lehrmethoden didaktisch fundiert gestaltet werden, um aktive Beteiligung und abwechslungsreiche Interaktionen zu fördern. Eine kontinuierliche Weiterbildung der Lehrenden ist essenziell, um moderne Technologien kompetent in den Lehrprozess zu integrieren und die Qualität der Hochschullehre langfristig zu sichern (vgl. Dindas & Schulte, 2026).

Digitalisierung ist dabei weit mehr als die bloße Integration technischer Werkzeuge – sie verändert grundlegend, wie Lehren und Lernen an Hochschulen stattfinden (vgl. Kerres, 2024). Sie hat nicht nur zu einer technologischen Transformation geführt, sondern auch die Art und Weise verändert, wie Lehrende und Studierende miteinander interagieren, wie Wissen vermittelt und wie Bildung organisiert wird (vgl. Getto et al., 2018). Wie das Bundesministerium für Bildung und Forschung (2024) betont, liegt in der Digitalisierung die Chance, Barrieren abzubauen, Lernen flexibler zu gestalten und Bildungszugänge zu erweitern. Gleichzeitig gibt es jedoch kritische Stimmen, die vor einer unreflektierten Übernahme digitaler Technologien warnen. Gabi Reinmann (2019) argumentiert, dass die Hochschuldidaktik nicht passiv die Digitalisierung hinnimmt, sondern aktiv deren Ausgestaltung mitbestimmen sollte. Sie kritisiert, dass digitale Transformationen oft als unausweichlicher Sachzwang dargestellt werden, der Lehrende dazu zwinge, sich anzupassen, anstatt kritisch zu hinterfragen, inwiefern digitale Technologien tatsächlich zur Verbesserung der Lehre beitragen. Reinmann fordert eine stärkere Reflexion über die langfristigen Folgen der Digitalisierung und plädiert für eine Balance zwischen technologischen Innovationen und didaktischen Prinzipien (vgl. Reinmann, 2019, 2023).

Ein weiteres Problem sieht Reinmann in der Tendenz zur Algorithmisierung und datenbasierten Optimierung von Lernprozessen. Sie warnt davor, dass diese Entwicklungen subtil das Denken und Handeln in der Lehre beeinflussen können, indem sie Lehrende und Studierende zu bloßen Objekten eines datengetriebenen Bildungssystems machen. Die Gefahr besteht darin, dass der Fokus auf Effizienz und Messbarkeit die tiefere, reflexive Auseinandersetzung mit Lerninhalten verdrängt (vgl. Reinmann, 2023). Solche kritischen Perspektiven verdeutlichen, dass die Digitalisierung in der Hochschullehre nicht nur als technologische, sondern auch als kulturelle und pädagogische Herausforderung verstanden werden muss (vgl. Bohndick et al., 2021). Während die technologischen Möglichkeiten unbestritten sind, bleibt die Frage, wie diese sinnvoll und nachhaltig in die Lehrpraxis integriert werden können, ohne die grundlegenden Werte der akademischen Bildung zu kompromittieren (vgl. Wilder et al., 2022).

Aktuelle Forschungsergebnisse von Mayweg et al. (2023) liefern bedeutsame Einsichten zur Wirksamkeit digitaler Lehrformate. Auf Basis eines systematischen Literaturüberblicks, der 44 Metaanalysen aus dem Zeitraum von 2011 bis 2022 einbezieht, analysieren die Autorinnen und Autoren, wie sich Online-Lehre und Blended-Learning-Ansätze – darunter auch Konzepte wie der Flipped Classroom – im Vergleich zur traditionellen Präsenzlehre auf den Lernerfolg auswirken. Dabei zeigen sich überwiegend positive, wenn auch eher moderate Effekte auf kognitive Leistungen, praktische Fähigkeiten sowie die Wahrnehmung durch die Studierenden. Besonders hybride Formate, die Elemente digitaler und präsenter Lehre kombinieren, schneiden im Vergleich vorteilhaft ab. Auffällig ist jedoch, dass die Effektstärken stark variieren – maßgeblich beeinflusst durch die jeweiligen Auswahlkriterien der Metaanalysen. Dies verdeutlicht die Notwendigkeit einer differenzierten Betrachtung. Darüber hinaus belegen Moderatoranalysen, dass didaktisch beeinflussbare Faktoren wie Interaktivität und Feedbackgestaltung maßgeblich zur Wirksamkeit digitaler Lernsettings beitragen. (Mayweg et al., 2023). Diese Befunde verdeutlichen, dass die Integration digitaler Technologien in die Hochschullehre nicht per se zu besseren Lernergebnissen führt, sondern maßgeblich von der didaktischen Gestaltung abhängt. Damit wird klar, dass der technologische Fortschritt allein nicht ausreicht, um die Qualität der Lehre nachhaltig zu verbessern – vielmehr sind reflektierte, pädagogisch fundierte Konzepte gefragt.

In diesem Zusammenhang gewinnt der Begriff der Post-Digitalität (vgl. Grünberger, 2021) zunehmend an Bedeutung. Post-Digitalität beschreibt eine Phase, in der digitale Technologien so selbstverständlich und allgegenwärtig geworden sind, dass sie nicht mehr als Neuerungen wahrgenommen werden, sondern als integraler Bestandteil unseres Alltags gelten (vgl. Knox, 2019). Für die Hochschullehre bedeutet dies, dass sich der Fokus von der bloßen Einführung digitaler Werkzeuge hin zu ihrer sinnvollen Integration in didaktische Konzepte verschiebt (vgl. Mayrberger, 2019). Es geht weniger um die Technologie an sich, sondern um die Frage, wie diese Technologien genutzt werden können, um die Qualität und Effektivität von Lehre und Lernen zu verbessern.

Ein zentrales Konzept in diesem Zusammenhang ist die Hybridität von Lehrformaten, die analoge und digitale Lernräume miteinander verbindet. In diesem Zusammenhang hebt Heun (2024) hervor, dass hybride Lehrformate nicht nur die Flexibilität für Studierende erhöhen, sondern auch die Möglichkeit bieten, unterschiedlichen Lernstilen und Bedürfnissen besser gerecht zu werden. Seine Evaluation an der Hochschule Rhein-Waal zeigt, dass Studierende die Wahlmöglichkeit schätzen, zwischen physischer und digitaler Teilnahme zu wechseln, was die Vereinbarkeit von Studium und anderen Verpflichtungen erleichtert (vgl. Heun, 2024). Zudem bietet hybride Lehre einen erweiterten didaktischen Gestaltungsspielraum für Lehrende, der es ermöglicht, verschiedene Lehrmethoden zu kombinieren und interaktive Elemente gezielt einzusetzen. Heun weist jedoch auch auf Herausforderungen hin, wie die notwendige technische Ausstattung und den Aufwand, didaktische Konzepte an die spezifischen Anforderungen hybrider Formate anzupassen (vgl. Heun, 2024). Trotz dieser Hürden zeigt sich, dass hybride Lehrformate das Potenzial haben, die Hochschullehre nicht nur flexibler, sondern auch inklusiver und anpassungsfähiger zu gestalten (vgl. Linde & Auferkorte-Michaelis, 2025). Dabei erfordert die Gestaltung solcher Formate eine sorgfältige didaktische Planung, um sicherzustellen, dass digitale Technologien nicht bloß als Ergänzung dienen, sondern einen echten Mehrwert für die Lernenden schaffen – gerne auch in kreativen und unkonventionellen Ausprägungen, die neue Lernzugänge eröffnen und motivationale Impulse setzen (vgl. Thielsch & van Straaten, 2024).

In der heutigen digitalisierten Lernwelt – bzw. in der Post-Digitalität im Sinne einer „Mediendidaktik als Didaktik in der Digitalität" (Mayrberger, 2025) – ist es folglich wichtiger denn je, diese Aspekte in den Vordergrund zu rücken und innovative Ansätze zu entwickeln, um ein effektives und inklusives Lernumfeld zu schaffen (vgl. Keller & Dindas, 2025). Diese Perspektive leitet über zur post-digitalen Lehre (vgl. Mayrberger, 2024), in der nicht mehr nur die technische Machbarkeit im Vordergrund steht, sondern die bewusste Integration und Reflexion des Technologieeinsatzes. Der Fokus verschiebt sich hin zur Förderung überfachlicher Kompetenzen, die in einer zunehmend digitalisierten Welt an Bedeutung gewinnen (vgl. Dindas, 2024). Neben der Vermittlung fachlicher Inhalte gewinnen Kompetenzen wie der souveräne Umgang mit digitalen Medien, kooperative Problemlösungsfähigkeiten sowie ein geschärftes kritisches Urteilsvermögen zunehmend an Bedeutung. Diese Fähigkeiten sind nicht nur essenziell für die berufliche Orientierung in einem dynamischen Arbeitsumfeld, sondern auch für eine reflektierte Mitgestaltung gesellschaftlicher Prozesse im digitalen Zeitalter. Eine zukunftsorientierte Hochschullehre, die sich im Spannungsfeld post-digitaler Entwicklungen bewegt, muss deshalb über die bloße Nutzung technischer Infrastruktur hinausgehen und die sozialen, kulturellen sowie ethischen Dimensionen des Technologieeinsatzes konsequent mitdenken (Reinmann, 2024a). Damit erinnert Reinmann daran, dass kritisches Denken, wissenschaftliche Redlichkeit und vertiefte Reflexion als Kernwerte akademischer Bildung auch in einer KI-geprägten Lehr- und Prüfungskultur unantastbar bleiben müssen (Reinmann, 2026).

Orientierungsrahmen bieten hierbei Konzepte wie die Future Skills Literacy (vgl. Dindas, 2025), die Hochschulen dabei unterstützen, gemeinsam mit allen Akteursgruppen relevante zukünftige Kompetenzbedarfe zu identifizieren und gezielt in Lehr- und Lernprozesse zu integrieren. Entsprechend rücken – über klassisches Fachwissen hinaus – verstärkt überfachliche Kompetenzen in den Fokus, die für das erfolgreiche Agieren in einer digitalisierten Welt essenziell sind. Kritisches Denken, digitale Medienkompetenz und kollaborative Problemlösungsfähigkeiten werden zunehmend als Schlüsselqualifikationen betrachtet (vgl. World Economic Forum, 2021). Diese Fähigkeiten sind nicht nur für den sich wandelnden Arbeitsmarkt von zentraler Bedeutung, sondern auch für eine reflektierte, verantwortungsbewusste Teilhabe an einer zunehmend digital geprägten Gesellschaft.

Zusammenfassend lässt sich sagen, dass Digitalisierung und Post-Digitalität keine getrennten Phasen darstellen, sondern zwei Perspektiven auf denselben Transformationsprozess sind. Während die Digitalisierung die technischen Grundlagen für neue Lehr- und Lernformen schafft, verschiebt die Post-Digitalität den Fokus auf deren kulturelle, didaktische und gesellschaftliche Integration. Technologien sollen nicht als Selbstzweck fungieren, sondern gezielt dazu beitragen, Studierende auf die komplexen Anforderungen einer sich wandelnden Welt vorzubereiten. Vor diesem Hintergrund markiert Künstliche Intelligenz die derzeit wohl prägendste Entwicklungsstufe der digitalen Transformation in der Hochschullehre – insbesondere im Bereich des Prüfens. KI-gestützte Systeme verändern nicht nur, wie Prüfungen durchgeführt werden, sondern auch, was und warum geprüft wird. Adaptive Prüfungsformate passen Aufgaben in Echtzeit an das Kompetenzniveau der Studierenden an, automatisierte Feedbacksysteme liefern sofortige Rückmeldungen zu Lösungen, und algorithmisch gestützte Analyseverfahren ermöglichen formative Assessments mit hohem Individualisierungsgrad (vgl. Finke, 2023; vgl. Mundorf et al., 2022). Empirische Studien unterstreichen dieses Potenzial: In einer Untersuchung von Spoden et al. (2022) verbesserten adaptive E-Assessment-Systeme die Passung zwischen Aufgabenanforderungen und individuellen Lernständen, was nicht nur zu höheren Testergebnissen führte, sondern auch die Motivation der Studierenden steigerte. Ähnliche Befunde liefert die Studie von Larrabee Sønderlund et al. (2019), die zeigte, dass KI-gestützte Peer-Assessment-Plattformen nicht nur die Bewertungsgenauigkeit erhöhten, sondern auch die Qualität der inhaltlichen Auseinandersetzung.

Gleichzeitig verdeutlichen empirische Befunde, dass diese Potenziale nur unter bestimmten Bedingungen wirksam werden. Systeme wie Learning Analytics, Chatbots oder adaptive Prüfungsumgebungen können Lernfortschritte analysieren, personalisierte Rückmeldungen geben und anpassungsfähige Aufgabenformate anbieten – ein Vorteil insbesondere für heterogene Studierendengruppen (vgl. Salden & Leschke, 2024). In der Praxis bleibt ihre Integration jedoch oft fragmentarisch, gehemmt durch technische Barrieren, unklare ethische Leitlinien, Ressourcenmangel und fehlende didaktische Einbettung (vgl. Limburg & Buck, 2023). Hinzu kommen Unsicherheiten im Umgang mit KI, die gezielte Qualifizierung und institutionelle Unterstützung erfordern (vgl. Budde et al., 2024b).

Die Herausforderung für Hochschulen besteht somit darin, KI-Technologien so in Prüfungen zu integrieren, dass sie einerseits Innovation und Flexibilisierung fördern, andererseits die bewährten Prinzipien von Leistungsüberprüfung, Transparenz und Fairness wahren. Diese Balance zwischen technologischem Fortschritt und bildungsbezogener Integrität ist die zentrale Leitlinie für die weitere Diskussion – insbesondere in Bezug auf die Frage, wozu KI in der Hochschulbildung eingesetzt werden sollte und unter welchen didaktischen Bedingungen sie einen echten Mehrwert für Prüfungs- und Bewertungskulturen entfalten kann (vgl. Arbeitsgruppe Künstliche Intelligenz: Essenzielle Kompetenzen an Hochschulen, 2025; Reinmann, 2025).

Ausgehend von diesen Rahmenbedingungen wird zunächst die Potenzialentfaltung personalisierter Lernprozesse durch digitale und KI-gestützte Systeme beleuchtet. Im Anschluss wird die Prüfungskultur unter digitalen Vorzeichen analysiert: Neben der Weiterentwicklung kompetenzorientierter Prüfungsformate stehen hierbei auch die Vielfalt digitaler Prüfungsmethoden sowie Fragen der Fairness, Transparenz und Rechtskonformität im Fokus. Ein besonderer Akzent liegt auf der KI-basierten Leistungsbewertung, die neue didaktische und ethische Spannungsfelder eröffnet. Auf dieser Grundlage werden abschließend konkrete Handlungsperspektiven für die Akteurinnen und Akteure im Hochschulkontext skizziert und zukünftige Entwicklungslinien reflektiert.

Es handelt sich dabei nicht um einen Masterplan, sondern um eine Momentaufnahme in einem hochdynamischen Entwicklungsfeld (vgl. Dindas & Schulte, 2026). Gerade im Bereich Künstlicher Intelligenz können heutige Einschätzungen schon morgen überholt sein. Ziel ist es daher nicht, endgültige Antworten zu liefern, sondern Orientierungen anzubieten, die auf aktuellen wissenschaftlichen Erkenntnissen beruhen und zugleich offen für künftige Entwicklungen bleiben. Potenziale und Risiken werden gleichermaßen reflektiert – sei es im Hinblick auf Fairness und Transparenz, nachhaltige Kompetenzentwicklung oder die Wahrung der Kernwerte akademischer Bildung. Dieser Band versteht sich folglich als Einladung, gemeinsam mit anderen „auf den Schultern von Riesen" (Dindas, 2024) weiterzudenken – wohl wissend, dass dieser Blick in die Zukunft immer vorläufig bleibt und lediglich einen weiteren Schritt in einem fortlaufenden wissenschaftlichen Diskurs darstellt.

Prüfungen zwischen Digitalisierung, Kompetenzorientierung und KI

3

Die digitale Transformation im Hochschulbereich hat in den vergangenen Jahren nicht nur neue didaktische Möglichkeiten eröffnet, sondern auch die Prüfungskultur grundlegend verändert (vgl. Bandtel et al., 2021). Während klassische Formate wie schriftliche Präsenzklausuren weiterhin Bestand haben, gewinnen digitale Prüfungsformen zunehmend an Bedeutung (vgl. Auferkorte-Michaelis et al., 2025). Dieser Trend wurde nicht zuletzt durch die COVID-19-Pandemie beschleunigt, die Hochschulen zwang, innerhalb kürzester Zeit auf digitale Alternativen wie Online-Klausuren, E-Portfolios oder mündliche Videoprüfungen umzustellen (vgl. Stifterverband, 2021). Damit stehen Hochschulen heute vor der Herausforderung, diese Formate nicht nur als Notlösung, sondern als integralen Bestandteil einer zukunftsorientierten und qualitätsgesicherten Prüfungskultur zu etablieren.

Digitale Prüfungsformate reichen von elektronischen Klausuren über Open-Book-Prüfungen bis hin zu E-Portfolios und videobasierten mündlichen Prüfungen (vgl. Bedenlier et al., 2024). Besonders E-Klausuren erlauben eine standardisierte und automatisierbare Auswertung großer Teilnehmerzahlen und fördern neue Formen der Aufgabenstellung, die interaktive Elemente integrieren kann. Open-Book-Formate hingegen zielen weniger auf reines Auswendiglernen ab, sondern stärker auf Verständnis und Anwendung von Wissen – die Studierenden dürfen Hilfsmittel nutzen und müssen zeigen, dass sie Informationen finden, bewerten und praktisch einsetzen können (vgl. Niedermeier et al., 2022). E-Portfolios bieten die Möglichkeit, den Lernfortschritt über einen längeren Zeitraum hinweg zu dokumentieren und reflektieren zu lassen, statt das Wissen nur punk-

H. Dindas, K. Keller, *Digitale Prüfungen an Hochschulen im Zeitalter der KI*, FOM-Edition, https://doi.org/10.1007/978-3-658-50530-1_3

tuell abzufragen. Sie sind dabei keineswegs eine Erfindung im Zuge des aktuellen KI-Hypes, sondern seit vielen Jahren als Instrument bekannt (vgl. Miller, 2010). Durch die aktuelle Diskussion um individualisierte und adaptive Prüfungsformate rücken sie jedoch wieder verstärkt in den Fokus (vgl. Duale Hochschule Baden-Württemberg, 2024). All diese Formate erweitern das Spektrum der Prüfungen und erlauben eine kompetenzorientiertere Beurteilung (dazu mehr in Abschn. 3.1).

Neue Formate bringen jedoch nicht nur technische, sondern auch didaktische Herausforderungen mit sich (vgl. Schepkowski et al., 2020). Lehrende sind gefordert, Aufgabenformate zu entwickeln, die den Kompetenzerwerb der Studierenden adäquat abbilden. So müssen etwa bei Open-Book-Prüfungen die Aufgaben so gestaltet sein, dass sie höherwertige kognitive Leistungen prüfen (Analyse, Transfer, Bewertung), anstatt reines Faktenwissen, da letzteres nachschlagbar ist (vgl. Niedermeier et al., 2022). Digitale Prüfungen ermöglichen es zudem, unmittelbar Feedback zu geben, was insbesondere formative Beurteilungsformen fördert und den Lernprozess nachhaltig verbessern kann (vgl. Auferkorte-Michaelis et al., 2025). Beispielsweise können in E-Tests automatische Rückmeldungen zu falsch beantworteten Fragen gegeben werden, die den bzw. die Studierenden auf Lernlücken hinweisen. Die Flexibilität digitaler Prüfungen kommt damit den Bedürfnissen einer heterogenen Studierendenschaft entgegen – etwa Berufstätigen oder Studierenden mit familiären Verpflichtungen –, da zeitliche und örtliche Einschränkungen reduziert werden können (z. B. Take-Home-Exams).

Trotz der zahlreichen Potenziale werfen digitale Prüfungsformate auch rechtliche und ethische Fragen auf (vgl. Kleinn et al., 2023). Der Datenschutz ist insbesondere bei Online-Prüfungen mit Videoaufsicht oder dem Einsatz biometrischer Authentifizierung von zentraler Bedeutung, da hier in der deutschen Hochschullandschaft noch immer eine intensive juristische Debatte über die Zulässigkeit, Verhältnismäßigkeit und datenschutzrechtliche Absicherung solcher Verfahren geführt wird. (vgl. Himmelrath, 2021). Hochschulen müssen sicherstellen, dass bei der Durchführung digitaler Prüfungen die Persönlichkeitsrechte der Studierenden gewahrt bleiben. Ebenso variiert die technische Ausstattung der Studierenden stark, was Fragen der Chancengleichheit aufwirft: Prüfungen müssen so gestaltet sein, dass sie keine sozialen oder technischen Barrieren verstärken – z. B. sollten keine High-End-Geräte Voraussetzung für das Bestehen sein. Ein weiterer Aspekt betrifft die Prüfungsrechtsprechung: Digitale Prüfungen müssen transparent und nachvollziehbar, aber auch rechtssicher dokumentiert und archiviert werden (vgl. Funke et al., 2020). Die Akkreditierung neuer Prüfungsformate sollte in enger Abstimmung mit den zuständigen Gremien und Datenschutzbeauftragten erfolgen, um verbindliche Standards zu schaffen (vgl. Drewes, 2024).

Mit dem Fortschreiten der Technologie zeichnen sich folglich weitere Entwicklungen ab: KI und Learning Analytics werden voraussichtlich in Zukunft verstärkt in Prüfungsprozesse Einzug halten (vgl. Schön et al., 2023). Adaptive Testverfahren könnten individualisierte Prüfungen ermöglichen, die sich dynamisch an den Wissensstand der Prüflinge anpassen. Dies bietet die Chance, Prüfungen nicht nur effizienter, sondern auch fairer zu gestalten – beispielsweise indem Über- oder Unterforderung einzelner reduziert wird (vgl. Nguyen et al., 2019). Gleichzeitig bedarf es aber einer kontinuierlichen Reflexion der ethischen Grundlagen, auf denen solche Systeme basieren: Wenn KI entscheidet, welche Frage als Nächstes kommt oder ob eine Antwort richtig ist, müssen die Kriterien dafür offengelegt und gerecht sein (vgl. Giefers et al., 2020).

Digitale Prüfungsformate besitzen somit das Potenzial, die Hochschulprüfungskultur zu transformieren. Entscheidend wird sein, sie nicht als bloße technische Alternative zu traditionellen Formaten zu begreifen, sondern als Impuls, die Prüfungsdidaktik neu zu denken. Anstatt lediglich eine Klausur auf Papier durch eine Klausur am Bildschirm zu ersetzen, gilt es zu prüfen, wie digitale Medien dazu beitragen können, Prüfungen authentischer, lernförderlicher und gerechter zu gestalten. Vor diesem Hintergrund richtet sich der Fokus dieses Bandes gezielt auf drei zentrale Bereiche, die im gegenwärtigen Diskurs als besonders prägend gelten: Erstens kompetenzbasierte Prüfungsformate (Abschn. 3.1), die über reine Wissensabfragen hinausgehen und stärker den Transfer, die Problemlösung und die Anwendung von Wissen in komplexen Situationen fördern. Zweitens personalisierte Lernpfade (Abschn. 3.2), die durch KI-gestützte Systeme eine passgenaue Begleitung des Lernens ermöglichen und damit Prüfungen enger an individuelle Lernprozesse rückbinden. Drittens die KI-gestützte Leistungsbewertung (Abschn. 3.3), die neue Möglichkeiten der Automatisierung, Adaptivität und dateninformierten Rückmeldung eröffnet, zugleich aber grundlegende Fragen nach Transparenz, Gerechtigkeit und Integrität aufwirft. Diese drei Schwerpunkte markieren die Schnittstellen, an denen sich aktuell die Spannungsfelder von Innovation, Didaktik und Regulierung verdichten – und sie verdeutlichen, dass Prüfungen nicht nur technische Formate sind, sondern Ausdruck bildungspolitischer, ethischer und gesellschaftlicher Aushandlungsprozesse.

3.1   Kompetenzorientierte Prüfungen als bewährtes, aber neu akzentuiertes Leitprinzip

Kompetenzorientierte Prüfungsformate stellen eine Weiterentwicklung traditioneller Prüfungsansätze dar, indem sie über die reine Wissensabfrage hinausgehen und den Transfer von Wissen in praxisnahe und komplexe Problemstellungen fördern. Dabei handelt es sich keineswegs um ein völlig neues Paradigma – die Ausrichtung auf Kompetenzen ist seit jeher ein zentrales Anliegen akademischer Bildung und hat insbesondere seit dem Bologna-Prozess deutlich an Gewicht gewonnen (vgl. Reinmann, 2016). Im Zuge der aktuellen KI-Entwicklungen, der Diskussion um die gezielte Förderung von Problemlösekompetenz sowie der Debatte um sogenannte Future Skills erfährt dieser Ansatz jedoch einen erneuten, spürbaren Aufwind (vgl. Lewe, 2024).

Diese Formate sind darauf ausgerichtet, die Fähigkeit der Studierenden zu überprüfen, erworbenes Wissen in realitätsnahen Szenarien anzuwenden, sodass sie auf berufliche und gesellschaftliche Anforderungen vorbereitet sind (vgl. Augustin et al., 2024). Hierbei spielt die Nutzung digitaler Tools eine zentrale Rolle, da diese authentische Prüfungssettings ermöglichen und dabei helfen, die Komplexität realer Herausforderungen abzubilden. So können simulationsbasierte Aufgaben oder digitale Fallstudien eingesetzt werden, um kritisches Denken, Problemlösekompetenz und Reflexionsfähigkeit zu fördern. Diese Kompetenzorientierung hat das Potenzial, eine stärkere Verbindung zwischen Theorie und Praxis herzustellen, indem Studierende gezielt in Situationen eingebunden werden, die sie zum kreativen und innovativen Handeln anregen.

Ein zentraler Aspekt dieser Prüfungsformate ist die Berücksichtigung des Denk- und Problemlöseprozesses der Studierenden neben dem reinen Endprodukt (vgl. Peschke, 2022). Digitale Tools bieten hierbei die Möglichkeit, adaptive Prüfungsformate umzusetzen, die die Reflexionsfähigkeit der Studierenden fördern können, indem sie individuelle Lösungswege und Denkstrategien sichtbar machen und in die Bewertung einfließen lassen (vgl. Augustin et al., 2024). Diese Transparenz der Bewertungsgrundlagen schafft nicht nur Akzeptanz bei den Studierenden, sondern trägt auch dazu bei, die Bewertung als integralen Bestandteil des Lernprozesses zu verstehen. Gleichzeitig ermöglichen Lernmanagementsysteme und digitale Prüfungsplattformen eine flexible Gestaltung von Prüfungsaufgaben, die interdisziplinäre Kompetenzen fördern und eine dynamische Anpassung an verschiedene Entwicklungspfade erlauben.

Die konsequente Ausrichtung der Prüfungen auf überprüfbare Kompetenzbeschreibungen erfordert ein durchdachtes Constructive Alignment, bei dem

Lernziele, Lehr-Lern-Aktivitäten und Prüfungsformate optimal aufeinander abgestimmt werden (vgl. Augustin et al., 2024). Dieses Konzept stellt sicher, dass die intendierten Kompetenzen nicht nur überprüft, sondern auch systematisch entwickelt werden können. Die Modularisierung der Studiengänge in Verbindung mit der Definition eindeutiger Kompetenzprofile zwingt Lehrende dazu, klare und transparente Lern- und Bewertungsziele zu formulieren (vgl. Buttner & Vocke, 2004). Dies hat zur Folge, dass Prüfungen zunehmend individualisierter und weniger standardisiert gestaltet werden, um den Bedürfnissen einer vielfältigen Studierendenschaft gerecht zu werden und die Heterogenität in den Bildungsvoraussetzungen zu berücksichtigen.

Digitale Prüfungsformate eröffnen hierbei neue Möglichkeiten, um simulationsbasierte Prüfungsaufgaben und adaptive Testverfahren in die Bewertung zu integrieren (vgl. Augustin et al., 2024; Reith & Bannert, 2021). Diese Verfahren ermöglichen eine unmittelbare und individuelle Rückmeldung für die Studierenden, was nicht nur die Entwicklung von Selbstregulationsfähigkeiten fördert, sondern auch die Reflexionskompetenz stärken kann. Die automatisierte Rückmeldung liefert gezielte Hinweise auf persönliche Stärken, Schwächen und Entwicklungspotenziale, wodurch Studierende dazu befähigt werden, eigene Fortschritte kritisch zu analysieren und Lernstrategien eigenverantwortlich anzupassen (vgl. Berger & Moser, 2020). Gleichzeitig erlaubt die Analyse von Prüfungs- und Lerndaten einerseits eine gezielte Förderung durch spezifische Interventionen und andererseits die Entwicklung innovativer Maßnahmen zur Unterstützung der Reflexion.

Empirische Befunde sowie praktische Erfahrungen verdeutlichen, dass Studierende kompetenzorientierte Prüfungen und formative Feedbackprozesse als relevanter, transparenter und motivierender wahrnehmen als traditionelle Prüfungen (vgl. Budde et al., 2024a). Prüfungsverfahren, die lediglich aus Wissensabfragen bestehen und als unzeitgemäß empfunden werden, werden hingegen häufiger mit Schummelversuchen assoziiert, da sie als ungerecht und unpersönlich wahrgenommen werden. Die Einführung digitaler Prüfungsformate kann hier nicht nur zu einer stärkeren Akzeptanz bei den Studierenden führen, sondern auch eine progressive Fehlerkultur etablieren, in der Fehler als konstruktive Impulse für Lernprozesse verstanden werden (vgl. Budde et al., 2024a). In einer solchen Kultur wird das Lernen aus Fehlern als zentraler Bestandteil des Lernprozesses angesehen, was die Prüfungsangst reduziert und die kontinuierliche Weiterentwicklung von Kompetenzen fördert (vgl. Hascher & Hagenauer, 2010).

Eine nachhaltige Transformation der Prüfungskultur erfordert jedoch die curriculare Verankerung kompetenzorientierter Formate in den Studiengängen (vgl. Dindas, 2021). Veränderungen einzelner Lehrender genügen nicht, um einen systemischen Wandel zu bewirken; vielmehr bedarf es eines hochschulweiten

Veränderungsprozesses, der alle Beteiligten einbezieht (vgl. Ionica et al., 2024). Dieser Prozess sollte nicht nur die Entwicklung neuer Lehr- und Lernkonzepte umfassen, sondern auch die systematische Anpassung der Prüfungspraktiken an gesellschaftlich relevante Themen wie Digitalisierung, Nachhaltigkeit und Diversität vorantreiben. Die curriculare Integration digitaler Prüfungsformate ist dabei eine zentrale Voraussetzung, um Reflexions- und Transferleistungen systematisch zu fördern und die Anschlussfähigkeit von Studiengängen an die Anforderungen einer sich wandelnden Gesellschaft sicherzustellen.

Gerade weil die Umsetzung im Lehralltag oftmals mit erheblichen Herausforderungen verbunden ist – sei es durch hohe Betreuungsaufwände, unklare Bewertungsmaßstäbe oder institutionelle Rahmenbedingungen – bleibt die konsequente Ausrichtung an Kompetenzen ein zentrales Entwicklungsziel. Kompetenzorientierte Prüfungsformate markieren damit weniger eine völlig neue Richtung, sondern vielmehr eine notwendige Rückbesinnung auf ein bereits etabliertes hochschuldidaktisches Leitprinzip, das in Zeiten digitaler Prüfwelten und KI-gestützter Systeme noch an Gewicht gewinnt. Sie eröffnen nicht nur erweiterte Möglichkeiten zur Förderung individueller und sozialer Kompetenzen, sondern können auch zu einer reflexionsorientierten, nachhaltigen Prüfungskultur beitragen, die den aktuellen und zukünftigen Herausforderungen der Hochschulbildung gerecht wird.

3.2   Zwischen Ideal und Realität: Personalisierte Lernpfade in der Hochschulbildung

Während die Diskussion um kompetenzorientierte Prüfungsformate und den verantwortungsvollen Einsatz von KI im Assessment zentrale Fragen der Hochschulbildung berührt, darf nicht übersehen werden, dass Prüfungen immer nur einen Ausschnitt des Lernprozesses sichtbar machen. Entscheidend ist, wie Studierende dorthin gelangen – und genau hier setzt die nächste Entwicklung an: die Gestaltung personalisierter Lernprozesse. Die didaktische Idee, Lernwege möglichst individuell auf die Bedürfnisse der Lernenden abzustimmen, ist ebenfalls keineswegs neu – sie gehört seit jeher zu den Grundprinzipien guter Hochschuldidaktik (vgl. Hanft et al., 2019). Neu ist jedoch die Reichweite und Präzision, mit der sich dieses Ziel heute technisch umsetzen lässt. KI-gestützte Systeme erhöhen das Potenzial für personalisierte Lernpfade drastisch: Sie können den Lernprozess nicht nur begleiten, sondern in Echtzeit auf individuelle Fortschritte reagieren (vgl. Martin & Pengel, 2024). Indem sie kontinuierlich Daten zum Lernverhalten analysieren, spezifische Stärken und Schwächen identifizieren und darauf aufbauend Inhalte, Aufgabenformate und Unterstützungsangebote dynamisch anpassen, eröffnen sie Möglichkeiten, die bislang in diesem Umfang kaum realisierbar waren (vgl. Holmes et al., 2018). Damit verschiebt sich der Fokus von einer punktuellen Leistungsüberprüfung hin zu einem kontinuierlichen, dateninformierten und reflexiven Lernprozess – eine Entwicklung, die nicht nur Prüfungs- und Lernkultur enger miteinander verzahnt, sondern auch die Chance bietet, Lernprozesse nachhaltiger, individueller und inklusiver zu gestalten (vgl. Brandhofer et al., 2024).

Personalisierte Lernpfade sind seit jeher ein zentrales Anliegen der Didaktik – von frühen Formen individueller Förderung im 19. Jahrhundert über „Learning for Mastery" (vgl. Bloom, 1968) und das Personalized System of Instruction (Keller, 1968). Was lange vor allem pädagogisches Ideal blieb, kann durch KI-gestützte Systeme heute in individualisierter Präzision und Skalierbarkeit umgesetzt werden: Lernprozesse lassen sich kontinuierlich analysieren, Inhalte in Echtzeit anpassen und Unterstützung passgenau bereitstellen (vgl. Wagner et al., 2025). Damit stellen personalisierte Lernprozesse eine zentrale Entwicklung im Kontext der digitalen Hochschulbildung dar, da sie durch den Einsatz von KI-gestützten Systemen dazu beitragen können, individuelle Stärken zu fördern und spezifische Schwächen gezielt anzugehen. Adaptive Technologien wie personalisierte Lernplattformen analysieren kontinuierlich das Lernverhalten der Studierenden und entwickeln darauf aufbauend maßgeschneiderte Lernpfade, die eine hohe Flexibilität und passgenaue Unterstützung ermöglichen und damit Lernen erleichtern und sogar zu Zeitersparnis führen (vgl. Haß, 2024). Insbesondere in anspruchsvollen Studienfeldern wie den MINT-Disziplinen, die traditionell durch hohe Abbruchquoten gekennzeichnet sind, zeigt sich eine deutliche Verbesserung der Studienerfolge durch den gezielten Einsatz solcher Unterstützungssysteme (vgl. Wagner et al., 2025). Diese Entwicklungen fördern nicht nur den Wissenserwerb, sondern tragen langfristig auch zur Erhöhung der akademischen Teilhabe in bislang unterrepräsentierten Gruppen bei.

Ein zentrales Merkmal personalisierter Lernprozesse ist die Nutzung von Lernanalysen bzw. Learning Analytics, durch die sowohl Kompetenzlücken als auch besondere Talente sichtbar gemacht werden können (vgl. Schön et al., 2023). Auf diese Weise können Fördermaßnahmen individuell zugeschnitten und an die spezifischen Bedürfnisse der Lernenden angepasst werden, was den Grundstein für eine Hochschulbildung legt, die stärker auf Heterogenität, Diversität und Flexibilität ausgerichtet ist (vgl. Ninaus & Sailer, 2022). Dies ermöglicht nicht nur eine bessere Unterstützung von Studierenden mit heterogenen Bildungsvoraussetzungen, sondern trägt auch dazu bei, bestehende Bildungsungleichheiten abzubauen und eine gerechtere Verteilung von Bildungsressourcen zu gewährleisten.

Im Vergleich zu traditionellen Lernmodellen reduzieren personalisierte digitale Lernprozesse zudem strukturelle Zugangshürden, die für bestimmte Studierendengruppen eine besondere Herausforderung darstellen (vgl. Basner, 2023). Dazu gehören etwa Studierende mit Betreuungspflichten, gesundheitlichen Einschränkungen oder einem niedrigen sozioökonomischen Status. Indem diese Prozesse räumliche und zeitliche Flexibilität bieten, tragen sie maßgeblich zur Demokratisierung und Diversifizierung der Hochschulbildung bei und wirken Exklusionsmechanismen aktiv entgegen (vgl. Auferkorte-Michaelis & Linde, 2022). Dennoch bleibt die Herausforderung, die digitale Kluft durch gezielte Maßnahmen wie technische Infrastrukturverbesserungen und spezifische Unterstützungsangebote weiter zu verringern.

Der Einsatz von KI-gestützten Tools, darunter intelligente Tutoriensysteme und Chatbots, eröffnet neue Formen der Interaktion zwischen Studierenden und Lerninhalten (vgl. Zentrum für Lernen und Innovation, 2024). Diese Technologien stellen kontinuierliches, unmittelbares Feedback bereit, das nicht nur auf inhaltliche Aspekte, sondern auch auf metakognitive und motivationale Lernstrategien abzielt. Dies stärkt die Fähigkeit der Lernenden, ihren eigenen Lernprozess selbstgesteuert und reflektiert zu organisieren, was in digitalisierten Lernumgebungen mit hoher Autonomie entscheidend zur Förderung nachhaltiger Lernerfolge beiträgt (vgl. Schmidt et al., 2025). Gleichzeitig zeigt sich, dass die enge Integration solcher Feedbackmechanismen die Effektivität traditioneller Rückmeldestrukturen erheblich übersteigen kann, indem sie individueller und dynamischer auf die Bedürfnisse der Lernenden eingehen (vgl. von Garrel et al., 2023). Darüber hinaus erweitern KI-gestützte Tools die Bandbreite der Unterstützungsmöglichkeiten, indem sie Lernende nicht nur mit fachlichen Hinweisen versorgen, sondern auch in Bereichen wie Zeitmanagement oder individueller Zielsetzung unterstützen. Diese Funktionalitäten stärken die Eigenverantwortung der Lernenden und fördern ihre Motivation zur Selbststeuerung (vgl. Wagner et al., 2025). Empirische Analysen haben gezeigt, dass personalisierte Feedbackprozesse durch KI besonders effektiv dabei sind, metakognitive Fähigkeiten zu fördern, die über den eigentlichen Lernstoff hinausgehen. Dies ist jedoch nur dann erfolgreich, wenn Studierende in der Lage sind, diese Rückmeldungen kritisch zu reflektieren und nicht unreflektiert zu übernehmen, um eine fundierte Reflexionskompetenz zu entwickeln (vgl. Lernende Systeme – Die Plattform für Künstliche Intelligenz, 2021).

Die Flexibilität, die durch personalisierte digitale Lernumgebungen entsteht, wird von vielen Studierenden als erhebliche Erleichterung wahrgenommen – sie erlaubt einen selbstbestimmten Zugriff auf Lerninhalte, unabhängig von Ort und Zeit, und unterstützt so insbesondere die Vereinbarkeit von Studium, Beruf und Privatleben (vgl. Stebler et al., 2018). Doch gerade diese scheinbare Entlastung birgt Risiken: Gabi Reinmann (o. J.) weist darauf hin, dass technologische Systeme, die Lernprozesse stark strukturieren oder vorgeben, unbeabsichtigt zu einem *Deskilling* führen können. Wenn KI-basierte Plattformen nicht nur Inhalte vorschlagen, sondern auch Lernwege, Zeitpläne und Prioritäten automatisch festlegen, kann dies dazu verleiten, Entscheidungen über das eigene Lernen unhinterfragt zu übernehmen. Kurzfristig fühlt sich dies wie eine Unterstützung an – langfristig jedoch droht der Verlust wichtiger metakognitiver Kompetenzen, etwa in den Bereichen Zeitmanagement, Selbstorganisation oder kritische Reflexion von Inhalten (vgl. Reinmann, 2023). KI-gestützte Systeme können zwar adaptive Erinnerungen, personalisierte Lernpläne oder motivationsfördernde Elemente bereitstellen (vgl. Reith & Bannert, 2021), doch ihr Nutzen hängt entscheidend davon ab, ob Studierende befähigt werden, diese Angebote bewusst zu hinterfragen und eigenverantwortlich zu steuern. Andernfalls besteht die Gefahr, dass sie zwar effizienter, aber weniger selbstbestimmt lernen – und damit genau jene Fähigkeiten verlieren, die für ein lebenslanges, kritisch reflektiertes Lernen unerlässlich sind (vgl. vencortex, 2021).

Folglich können KI-gestützte Tools wertvolle Unterstützung bei der individuellen Steuerung des Lernens leisten, indem sie etwa Empfehlungen für Lernmethoden oder gezielte Reflexionsanlässe geben. Dennoch mahnt u. a. die Initiative Bildung und digitaler Kapitalismus (2023), dass eine unkritische Abhängigkeit von solchen Systemen problematisch ist: Unter den Bedingungen eines digitalen Kapitalismus drohe Bildung zunehmend auf mess- und steuerbare Anwendungsfertigkeiten reduziert zu werden, während kritische Reflexion, kreative Ausdrucksformen und gesellschaftliche Gestaltungsfähigkeit in den Hintergrund treten (vgl. Initiative Bildung und digitaler Kapitalismus, 2023). Um dieser Entwicklung entgegenzuwirken, müssen Studierende Schritt für Schritt die notwendigen Kompetenzen erwerben, um die Angebote solcher Systeme bewusst und reflektiert zu nutzen (vgl. Ninaus & Sailer, 2022). Gleichzeitig birgt die stärkere Individualisierung des Lernens die Gefahr sozialer Isolation, weshalb die gezielte Integration kollaborativer Elemente notwendig ist, um sozialen Zusammenhalt und fachlichen Austausch zu fördern, denn Projekte wie beispielhaft „So lonely? Einsamkeit und soziale Isolation trotz Digitalisierung" der Universität Hamburg verdeutlichen, dass individualisierte Lernplattformen soziale Interaktionen und gemeinschaftliches Lernen vor neue Herausforderungen stellen (vgl. Grotlüschen & Wilhelm, 2022). Es ist notwendig, Kollaborationsmöglichkeiten, fachlichen Austausch und soziale Präsenz zu gewährleisten, um das Gemeinschaftsgefühl unter den Lernenden zu erhalten (vgl. Dindas & Schulte, 2024).

Vor diesem Hintergrund wird ebenfalls deutlich, dass die Gestaltung digitaler Lehr- und Lernumgebungen nicht isoliert betrachtet werden kann, sondern stets in engem Zusammenhang mit den Formen der Leistungsüberprüfung steht. Gerade in Prüfungen entscheidet sich, welche Fähigkeiten sichtbar werden und wie Lernprozesse ausgerichtet sind. Diese Ausrichtung auf Kompetenzen ist zugleich die Grundlage dafür, dass personalisierte Lernpfade wirksam werden können: Nur wenn Prüfungsformate nicht bloß Faktenwissen abfragen, sondern Anwendung, Reflexion und Problemlösung in den Blick nehmen, können auch adaptive und individuelle Lernumgebungen ihr volles Potenzial entfalten. Personalisierte und kollaborative Formate zahlen somit direkt auf die Idee einer kompetenzorientierten Hochschulbildung ein. Daraus ergibt sich die zentrale Frage, wie diese unterschiedlichen Lern- und Prüfungswege in einer Leistungsbewertung sichtbar gemacht werden können – ein Spannungsfeld, das im folgenden Kapitel aufgegriffen wird.

3.3   KI-gestützte Leistungsbewertung zwischen Effizienz und Verantwortung

Wenn sich Lernprozesse zunehmend personalisieren und digital vernetzen, stellt sich unweigerlich die Frage, wie diese Lernwege sichtbar, bewertbar und fair geprüft werden können (vgl. Zimmermann, 2024). Prüfungsformate bilden gewissermaßen das Scharnier zwischen individuellem Lernen und institutioneller Anerkennung – sie entscheiden darüber, welche Kompetenzen nicht nur entwickelt, sondern auch nachgewiesen werden (vgl. Baumgartner, 2012). Dabei reicht das Spektrum moderner digitaler Leistungsbewertung weit über klassische Klausuren hinaus. E-Portfolios und digitale Artefakte ermöglichen es, den individuellen Lernfortschritt über längere Zeiträume hinweg zu dokumentieren und zu reflektieren. Projektbasierte Prüfungen eröffnen Chancen, komplexe Problemlösefähigkeiten in authentischen Anwendungsszenarien sichtbar zu machen (vgl. Meyer & Hildebrand, 2021). Mündliche Online-Prüfungen erweitern den Raum für dialogische und interaktive Formen der Leistungskontrolle, etwa wenn digitale Materialien wie Präsentationen, Whiteboards oder kollaborative Dokumente in Echtzeit gemeinsam bearbeitet und diskutiert werden – eine Möglichkeit, die in klassischen Präsenzprüfungen nur eingeschränkt realisierbar ist (vgl. Bandtel et al., 2021). KI-gestützte Prüfungsformate bringen neue Möglichkeiten, Prüfungen adaptiver, individualisierter und dateninformierter zu gestalten – etwa durch den Einsatz automatisierter Aufgabenanpassung basierend auf dem Kompetenzniveau der Lernenden, durch personalisierte Rückmeldungen in Echtzeit oder durch lernverlaufsgestützte Aufgabenwahl (vgl. Langela-Bickenbach et al., 2024). Zugleich stellen sich neue Herausforderungen in Bezug auf Transparenz, Fairness und akademische Integrität (vgl. Klar & Schleiss, 2024). Die Frage, wie diese unterschiedlichen Formate sinnvoll kombiniert und kritisch reflektiert werden können, steht im Zentrum der folgenden Betrachtungen.

Die Automatisierung von Bewertungsprozessen durch KI-Technologien führt zu einer erheblichen Effizienzsteigerung und höheren Konsistenz bei der Leistungsbewertung (vgl. Langela-Bickenbach et al., 2024). Mithilfe von KI-gestützten Systemen können Bewertungen standardisiert und objektiv gestaltet werden, da Prozesse wie das Scoring von Antworten, die Analyse formaler Kriterien oder die Kategorisierung von Beiträgen automatisiert ablaufen (vgl. Reinhold & Händel, 2025). Diese Automatisierung reduziert subjektive Bewertungsfehler, die bei menschlichen Bewertungen häufiger auftreten und unterstützt die Einhaltung einheitlicher Qualitätsstandards (vgl. Weßels, 2023; Wagner et al., 2025). Dennoch muss kritisch hinterfragt werden, inwieweit diese Effizienzsteigerung mögliche Schwächen, wie die Einschränkung der individuellen Bewertungsflexibilität, kompensieren kann (vgl. Hofmann, 2025). Die Qualität solcher Systeme hängt maßgeblich von der Güte der eingesetzten Algorithmen ab, was stetige Optimierungen erforderlich macht.

Ein Problem, das mit der Nutzung KI-basierter Bewertungssysteme einhergeht, ist die oftmals mangelnde Transparenz und Verständlichkeit der zugrunde liegenden Algorithmen (vgl. Bayrisches Forschungsinstitut für Digitale Transformation, 2023). KI-Modelle wie beispielsweise GPT-4 treffen Entscheidungen auf Basis komplexer Trainingsdaten. Die dabei verwendeten Entscheidungsprozesse sind für Lehrende und Studierende häufig nicht vollständig nachvollziehbar. Dies stellt neue Herausforderungen für die Akzeptanz solcher Verfahren dar und wirft fundamentale Fragen zur Wahrnehmung von Fairness und Gerechtigkeit bei der Benotung auf (vgl. Weßels, 2023). Es sollte bedacht werden, ob solche Intransparenzen das Vertrauen in die Ergebnisse gefährden könnten und wie Bildungseinrichtungen darauf reagieren können, um derartige Bedenken zu minimieren, wie es auch das Whitepaper des Bundesamts für Sicherheit in der Informationstechnik eindringlich betont (vgl. Bundesamt für Sicherheit in der Informationstechnik, 2024). Ein dazu passendes Beispiel zeigt, dass das Sprachmodell „GPT-4" in einer simulierten Bewertung eine logisch schlüssige, aber sprachlich wenig ausgefeilte Antwort inhaltlich höher bewertete als einen stilistisch brillanten, jedoch fachlich ungenauen Text. Dies verdeutlicht, dass KI-basierte Systeme prinzipiell differenzieren können – allerdings bleibt eine absolute Faktentreue der Ergebnisse bislang problematisch, da KI-gestützte Bewertungen nicht frei von Fehlern sind und menschliche Kontrollen weiterhin erforderlich bleiben (vgl. Weßels, 2023). Daraus ergibt sich die Notwendigkeit, klare Nachkorrekturprozesse zu definieren und institutionelle Standards für die Bewertung durch KI zu etablieren (vgl. Rashid et al., 2023). Die langfristige Zielsetzung sollte darin bestehen, durch regelmäßige Überprüfung und Optimierung die Qualität der Bewertung zu sichern.

Die Einführung von KI erfordert nicht nur technologische Weiterentwicklungen, sondern auch die Offenlegung und ständige Überprüfung der Bewertungsalgorithmen, um Transparenz und Nachvollziehbarkeit zu gewährleisten (vgl. Herzberg, 2023). Eine solche Offenlegung ist essenziell, um Lehrenden und Lernenden eine fundierte Grundlage zu schaffen, auf der sie die Fairness der Bewertungsprozesse beurteilen können. Insbesondere die Vermeidung von Verzerrungen, die durch die Trainingsdaten der KI entstehen könnten, sollte im Fokus der Weiterentwicklungen stehen. Hierbei müssen sowohl ethische Überlegungen als auch die institutionelle Verantwortung berücksichtigt werden, da die Akzeptanz digitaler Bewertungsverfahren maßgeblich von diesen Faktoren abhängt (vgl. Wagner et al., 2025).

Die Nutzung KI-gestützter Tools bietet Lehrenden eine erhebliche Entlastung bei der Aufbereitung und Analyse von Prüfungsleistungen (vgl. Schütt, 2025). Solche Systeme automatisieren beispielsweise die Kategorisierung von Beiträgen, analysieren individuelle Stärken und Schwächen und generieren gezielte Rückmeldungen, die sowohl für formative als auch summative Bewertungen genutzt werden können (vgl. Wagner et al., 2025). Diese Entwicklungen ermöglichen es Lehrenden, zeitintensive administrative Aufgaben zu reduzieren und sich verstärkt auf didaktisch anspruchsvolle Tätigkeiten zu konzentrieren, etwa auf die Förderung kritischen Denkens und der Reflexionskompetenz (vgl. Chaudhuri et al., 2024). Dennoch sollte hinterfragt werden, inwiefern diese Entlastung auch auf nachhaltige Weise die Qualität der didaktischen Leistungen verbessert. Durch die Integration strukturierter, personalisierter Feedbacksysteme profitieren Studierende von zeitnahen, individuellen Rückmeldungen, die ihren Lernfortschritt kontinuierlich unterstützen (vgl. DigiTeach-Institut, 2025). Dies ermöglicht gezielte Interventionen bei Schwierigkeiten und trägt nachweislich dazu bei, den Lernprozess effektiver zu gestalten (vgl. Schmohl et al., 2023). Insbesondere für leistungsschwächere Studierende bieten KI-gestützte Tools die Möglichkeit, Defizite frühzeitig zu erkennen und maßgeschneiderte Unterstützungsmaßnahmen bereitzustellen, wie etwa zusätzliche Übungen, weiterführende Lernressourcen oder gezielte Aufgaben. Dies erweist sich als wirksam, um Studienabbrüche zu vermeiden und den Lernerfolg langfristig zu sichern (vgl. Schmohl et al., 2023; Wagner et al., 2025).

Wissenschaftlerinnen und Wissenschaftler, die KI-gestützte Bewertungssysteme verwenden, weisen in der Regel eine höhere Produktivität und bessere Ergebnisse auf als jene, die ohne diese Unterstützung arbeiten. Dies belegt, dass solche Systeme vielfältige Aufgaben in kürzerer Zeit bewältigen können und Lehrende somit bei der Erfüllung ihrer Aufgaben wirksam unterstützen (vgl. Weßels, 2023). Dennoch ist es wichtig, die Abhängigkeit von diesen Technologien kritisch zu reflektieren, insbesondere mit Blick auf die langfristige Entwicklung des Lehrpersonals und deren Fähigkeit, komplexe, nicht-standardisierte Problemstellungen unabhängig zu bewerten (vgl. Dindas & Schulte, 2026). Auch eine potenziell erhöhte Geschwindigkeit und Präzision, die durch KI-gestützte Bewertungssysteme erreicht werden kann, trägt dazu bei, dass Bewertungen objektiver und nachvollziehbarer werden. Dies stärkt die Akzeptanz digitaler Prüfungsformate bei den Studierenden und erhöht die Transparenz des Prüfungsprozesses (vgl. Wagner et al., 2025). Gleichwohl bleibt die Frage offen, wie diese Systeme flächendeckend in Hochschulen implementiert werden können, ohne dass dabei wichtige pädagogische Prinzipien, wie die Förderung zwischenmenschlicher Interaktion, vernachlässigt werden (vgl. Schmohl et al., 2023).

Trotz der objektiven Vorteile, die automatisierte Bewertungssysteme bieten, bestehen bei Lehrenden und Studierenden weiterhin erhebliche Unsicherheiten hinsichtlich der Fairness dieser Systeme und deren ethischen Grundlagen (vgl. Reinmann et al., 2025). Diese Bedenken werden verstärkt durch fehlende institutionelle Standards und unzureichende Weiterbildungsangebote (vgl. Weßels, 2023). Hochschulen sind daher aufgefordert, gezielte Aufklärungsmaßnahmen zu ergreifen und umfangreiche Weiterbildungsformate anzubieten, um die Akzeptanz und das Vertrauen in solche Systeme nachhaltig zu stärken (vgl. Dindas & Schulte, 2026).

Digitale Prüfungsformate und KI-gestützte Bewertungssysteme können das Erleben von Prüfungen erheblich verändern. Die Anonymität und technische Distanz solcher virtuellen Systeme verringern die soziale Präsenz, was sich auf die Selbstwahrnehmung der Bewerteten auswirken kann (vgl. Dindas & Schulte, 2024). Gleichzeitig lässt sich ein erhöhtes Risiko für innovative Betrugsstrategien feststellen, weshalb neue Maßnahmen zur Sicherung der Prüfungsintegrität erforderlich sind, um ein ausgewogenes Verhältnis zwischen Objektivität, Sicherheit und sozialer Einbindung zu gewährleisten (vgl. Die Zeit, 2025).

Die Integration von KI in Prüfungs- und Bewertungssysteme eröffnet ein enormes Potenzial zur Weiterentwicklung der Hochschulprüfungskultur – jedoch stets im Spannungsfeld zwischen technischer Effizienz und pädagogischer Verantwortung. KI-gestützte Verfahren können Bewertungen objektiver, schneller und konsistenter gestalten, Lehrende von administrativen Aufgaben entlasten und Studierende durch personalisierte Rückmeldungen gezielt fördern. Zugleich machen die aufgezeigten Beispiele deutlich, dass diese Vorteile nicht unkritisch hingenommen werden dürfen: Die Gefahr des Deskillings, die mangelnde Transparenz vieler Algorithmen, Fragen der Fairness und die Wahrung sozialer Präsenz sind Herausforderungen, die einer sorgfältigen Reflexion und institutionellen Rahmung bedürfen. Gerade weil Prüfungen den Ort darstellen, an dem sich akademische Leistung in Anerkennung übersetzt, muss der Einsatz von KI immer an die Kernwerte wissenschaftlicher Bildung rückgebunden werden – an Gerechtigkeit, Nachvollziehbarkeit, Reflexivität und die Förderung kritischen Denkens.

Damit erweist sich die Gestaltung digitaler Rückmeldeprozesse als Schlüsselfrage einer zukunftsfähigen Hochschuldidaktik. Es reicht nicht, Prüfungen technisch zu modernisieren; vielmehr müssen Formate wie personalisierte Videofeedbacks, E-Portfolios, projektbasierte Prüfungen oder mündliche Online-Settings so gestaltet werden, dass sie soziale Präsenz, Transparenz und Gerechtigkeit gewährleisten und zugleich motivierende Lernimpulse setzen (vgl. Auferkorte-Michaelis et al., 2025). Die Zukunft der Leistungsbewertung liegt somit nicht in der Ablösung menschlicher Beurteilung durch Maschinen, sondern in einem klugen Zusammenspiel von technischer Innovation und pädagogischer Reflexion.

Somit wird deutlich, dass Hochschulen vor einer doppelten Aufgabe stehen: Sie müssen technologische Möglichkeiten ausschöpfen, um Prüfungen fairer, flexibler und lernförderlicher zu gestalten, und gleichzeitig Räume schaffen, in denen Lehrende und Studierende kritisch über diese Entwicklungen reflektieren. Die Gestaltung von Prüfungen ist damit nicht nur eine Frage der Technik, sondern eine zutiefst didaktische, kulturelle und ethische Herausforderung. Sie entscheidet darüber, wie wir in einer von KI geprägten Bildungswelt Leistungsfähigkeit definieren – und wie Hochschulen ihrer Verantwortung gerecht werden, Studierende nicht nur auf das Bestehen von Prüfungen, sondern auf die komplexen Anforderungen einer sich wandelnden Gesellschaft vorzubereiten.

Handlungsempfehlungen

4

Digitale Transformation und Künstliche Intelligenz verändern die Hochschullehre und insbesondere die Prüfungskultur grundlegend. Es wurde deutlich, dass nicht einzelne Tools oder Methoden den Unterschied machen, sondern die Fähigkeit, Innovationen kritisch zu reflektieren, didaktisch einzubetten und institutionell verantwortungsvoll zu gestalten. Die folgenden Handlungsempfehlungen sollen daher nicht als starre Vorgaben verstanden werden, sondern als Orientierung, wie Hochschulen und Lehrende den Wandel aktiv mitgestalten können. Die genannten Beispiele sind keineswegs allumfassend, sondern dienen als Impulse, die zur Reflexion und Weiterentwicklung in diesem dynamischen Themenfeld anregen sollen.

Breit angelegte Förderung digitaler und zukünftiger Kompetenzen
Kap. 3 hat gezeigt, dass personalisierte Lernpfade nur dann wirksam werden, wenn Studierende über die Kompetenzen verfügen, diese Angebote bewusst und kritisch zu nutzen. Hochschulen sollten deshalb nicht nur Studierende, sondern auch Lehrende gezielt für das digitale Zeitalter befähigen. Curriculare Verankerung digitaler Kompetenzen – fachlich wie überfachlich – ist ebenso notwendig wie die Förderung einer Teaching Literacy bei Lehrenden (vgl. Kap. 2). Didaktische Weiterbildungen zum Einsatz adaptiver Systeme, Workshops zu KI-Literacy oder Trainings zu Blended-Learning-Formaten können helfen, die Qualität der Lehre langfristig zu sichern.

Beispiele
- Einführung verpflichtender Module zu „Digitale Kompetenzen und KI-Literacy" in allen Studiengängen
- Aufbau hochschulinterner Fortbildungsreihen für Lehrende zu Themen wie „KI-gestützte Feedbacksysteme kritisch nutzen" oder „Datenschutz im E-Assessment"
- Peer-Learning-Formate, in denen Studierende Best-Practice-Beispiele zum Einsatz digitaler Tools austauschen

Klare strategische und ethische Leitlinien

Wie in Abschn. 3.3 deutlich wurde, bringen KI-gestützte Prüfungsformate Fragen der Transparenz, Fairness und Nachvollziehbarkeit mit sich. Hochschulen benötigen deshalb klare Leitlinien für den Einsatz digitaler Technologien: von Richtlinien zur Nutzung von KI in Prüfungen über Datenschutzfragen (Stichwort Learning Analytics und Online-Proctoring, vgl. Abschn. 3.2) bis hin zu Qualitätssicherung und ethischen Standards. Interdisziplinäre Task Forces aus Lehrenden, Studierenden sowie Expertinnen und Experten können helfen, solche Rahmenbedingungen zu entwickeln. Transparenz gegenüber Studierenden – etwa, welche Tools in Prüfungen genutzt werden – ist dabei zentral.

Beispiele
- Einrichtung eines hochschulweiten Ethikrats für KI, besetzt mit Lehrenden, Studierenden, Juristinnen und Juristen sowie IT-Expertinnen und Experten
- Entwicklung eines „Transparenzkodex für digitale Prüfungen", in dem Studierende klar informiert werden, welche Tools wie eingesetzt werden
- Veröffentlichung von Leitfäden für Lehrende, die bewährte Verfahren und No-Gos im Umgang mit KI-Systemen aufzeigen

Didaktisches Umdenken in der Prüfungsgestaltung

Kap. 3 hat gezeigt, dass Prüfungen nicht bloß in digitale Formate übertragen werden sollten, sondern Anlass für ein didaktisches Neudenken bieten. Hochschulen und Lehrende sind gefordert, stärker kompetenzorientierte Prüfungen einzusetzen (vgl. Abschn. 3.1), die auf Problemlösung, Reflexion und Transfer abzielen. Offene Buch-Prüfungen, Projektarbeiten, Portfolios oder mündliche Prüfungen (vgl.

Abschn. 3.2) können klassische Klausuren sinnvoll ergänzen oder ersetzen. Entscheidend ist, Prüfungen so zu gestalten, dass nicht reines Reproduzieren, sondern das Anwenden, Reflektieren und kreative Lösen von Problemen im Vordergrund steht.

Beispiele

- Anstelle reiner Wissensprüfungen: szenariobasierte Klausuren, die reale Problemstellungen simulieren
- Integration von E-Portfolios, in denen Studierende Lernfortschritte dokumentieren und reflektieren
- Prüfungen in Form von Projektarbeiten, die kollaborativ bearbeitet werden und interdisziplinäre Problemlösungen erfordern
- Ergänzung klassischer Hausarbeiten durch Reflexionsberichte, in denen Studierende den eigenen Lernprozess und den Einsatz von KI-Tools kritisch dokumentieren

Einsatz von KI und adaptiven Systemen mit Augenmaß

Die Diskussionen in Abschn. 3.3 haben gezeigt, dass KI-gestützte Bewertungssysteme großes Potenzial zur Effizienzsteigerung und Individualisierung bieten, zugleich aber erhebliche Risiken bergen, etwa durch Intransparenz oder algorithmische Verzerrungen. Hochschulen sollten den Einsatz solcher Systeme daher schrittweise und forschungsbasiert einführen. Pilotprojekte mit begleitender Evaluation können helfen, Erfahrungen zu sammeln, bevor eine breite Implementierung erfolgt. Wichtig ist die kritische Reflexion: Studierende müssen nachvollziehen können, wie ein Algorithmus arbeitet, und Lehrende benötigen Standards und Nachkorrekturprozesse, um Verzerrungen auszugleichen.

Beispiele

- Pilotprojekte, in denen z. B. KI-gestützte automatische Feedbacksysteme in einem Modul getestet und evaluiert werden
- Begleitforschung, die die Auswirkungen solcher Systeme auf Notenverteilung, Fairnesswahrnehmung und Motivation untersucht
- Einführung von Nachkorrekturverfahren, die sicherstellen, dass Lehrende algorithmische Bewertungen prüfen und ggf. anpassen können

Offene Bildungsressourcen und technologische Souveränität

Kap. 2 hat verdeutlicht, dass personalisierte Systeme in einer post-digitalen Bildungslandschaft Gefahr laufen, Studierende in Abhängigkeiten von kommerziellen Plattformen zu drängen. Um dies zu vermeiden, sollten Hochschulen verstärkt auf Open Educational Resources (OER) und offene Infrastrukturen setzen. Damit lassen sich nicht nur Datenhoheit und digitale Souveränität sichern, sondern auch Freiräume für eine kritisch-reflexive Mediennutzung schaffen. Studierende sollten befähigt werden, digitale Inhalte und KI-generierte Ergebnisse kritisch zu hinterfragen (vgl. Abschn. 3.2).

Beispiele
- Aufbau hochschulinterner Repositorien für Lehr- und Lernmaterialien auf Open-Source-Basis
- Kooperationen mit nationalen Academic-Clouds, um gemeinsame digitale Infrastrukturen zu nutzen
- Förderung von Projekten, in denen Studierende selbst OER-Materialien entwickeln und reflektieren, wie offene Bildungsressourcen die Lehr- und Lernfreiheit stärken

Kulturwandel und studierendenzentrierte Perspektive

Wie bereits in Kap. 2 und 3 betont, verändern digitale und KI-gestützte Lehr- und Lernformate nicht nur Methoden, sondern auch die Kultur des Lehrens und Lernens. Hochschulen sollten Change-Management aktiv betreiben, Lehrende ermutigen, neue Prüfungs- und Lehrideen auszuprobieren, und Studierende als Partner in diesen Prozess einbinden (vgl. Dindas & Schulte, 2024). Transparente Kommunikation, Partizipation und Feedback sind Schlüssel, um Vertrauen aufzubauen und gemeinsam eine zukunftsfähige Lehr- und Prüfungskultur zu entwickeln.

Beispiele
- Einrichtung von „Teaching Innovation Labs", in denen Lehrende mit Studierenden gemeinsam neue Prüfungsformate erproben
- Regelmäßige Studierendenbefragungen zur Akzeptanz von digitalen Prüfungsformaten
- Förderung einer Fehlerkultur, die auch scheiternde Experimente in digitaler Lehre als Lernchancen begreift

Rechtsrahmen und Umsetzung des EU AI Acts

Mit dem Inkrafttreten der europäischen KI-Verordnung (EU AI Act) ergeben sich für Hochschulen weitreichende rechtliche Verpflichtungen, die unmittelbar in die Gestaltung digitaler Prüfwelten hineinwirken. Wie das aktuelle Rechtsgutachten von Hoeren (2025) herausarbeitet, sind Hochschulen in verschiedenen Rollen betroffen: als Betreiberinnen von KI-Systemen, vereinzelt auch als Anbieterinnen, sowie durch die Pflicht, KI-Kompetenzen bei Beschäftigten und – sofern die Nutzung in Prüfungsprozessen verlangt wird – auch bei Studierenden systematisch aufzubauen (vgl. Hoeren, 2025). Besonders relevant sind Prüfungsformate, die als Hochrisiko-KI gelten können, etwa wenn Systeme zur automatisierten Leistungsbewertung eingesetzt werden. Hochschulen müssen in diesen Fällen strenge Anforderungen an Transparenz, Dokumentation und menschliche Aufsicht erfüllen. Zudem sind Fragen der Datenhoheit, des Datenschutzes und der Abhängigkeit von proprietären Plattformen unmittelbar durch die KI-Verordnung berührt. Handlungsempfehlung ist daher, dass Hochschulen frühzeitig interne Compliance-Strukturen aufbauen, die die Umsetzung der regulatorischen Anforderungen institutionell absichern – etwa durch zentrale Richtlinien, juristische Beratung und die Verzahnung mit hochschuldidaktischen Weiterbildungen. Dabei sollte nicht nur der rechtskonforme Einsatz im Vordergrund stehen, sondern auch die kritische Reflexion über Sinn, Grenzen und gesellschaftliche Folgen von KI in Prüfungen – ganz im Sinne der im Band mehrfach betonten Notwendigkeit, Technologie nicht zum Selbstzweck werden zu lassen, sondern sie an pädagogische und demokratische Leitprinzipien rückzubinden (vgl. Initiative Bildung und digitaler Kapitalismus, 2023).

Beispiele
- Aufbau hochschulinterner Compliance-Strukturen, die die Anforderungen des EU AI Acts umsetzen
- Juristische Beratung und hochschuldidaktische Schulungen zu KI-Regulierung
- Transparenzmaßnahmen, etwa die verpflichtende Information Studierender darüber, ob ihre Prüfungen KI-gestützt bewertet werden
- Kooperation mit Datenschutzbeauftragten, um Fragen von Datenhoheit und Plattformabhängigkeiten frühzeitig zu klären

Die in den Kap. 2 und 3 dargestellten Entwicklungen machen deutlich, dass die kommenden Jahre von einer weiteren Dynamisierung geprägt sein werden: KI,

Learning Analytics, Virtual und Augmented Reality, aber auch Fragen der Nachhaltigkeit und Internationalisierung werden die Hochschullehre prägen. Entscheidend ist, dass Hochschulen bei all diesen Innovationen den Kern der Bildung bewahren: die Förderung kritischer Reflexion, kreativer Gestaltung und verantwortungsvoller Teilhabe. Technologie darf dabei nicht Selbstzweck sein, sondern muss dem Bildungsauftrag dienen. Nur so können digitale Prüfwelten tatsächlich zu Treibern einer inklusiven, gerechten und lernförderlichen Hochschulbildung werden.

Fazit und Ausblick: Die Zukunft des Prüfens zwischen Automatisierung und Verantwortung

Dieser Band der FOM-Edition Kompakt widmet sich der zentralen Fragestellung, wie sich Lehren, Lernen und insbesondere Prüfen im digitalen Zeitalter unter den Bedingungen von Künstlicher Intelligenz verändern. Aufbauend auf den theoretischen und empirischen Befunden aktueller Forschung wurde untersucht, welche Chancen und Herausforderungen mit der Integration digitaler und KI-gestützter Technologien in die Hochschulbildung verbunden sind. Ziel war es, ein differenziertes Bild davon zu zeichnen, wie neue Formen der Leistungsüberprüfung, personalisierte Lernpfade und automatisierte Bewertungsverfahren die Hochschulbildung transformieren können – und welche didaktischen, ethischen und organisatorischen Konsequenzen daraus erwachsen.

Die Analyse zeigt, dass digitale und KI-gestützte Prüfungsformate ein hohes Potenzial zur Individualisierung, Flexibilisierung und Kompetenzorientierung bieten. E-Portfolios, projektbasierte Prüfungen oder adaptive Assessments eröffnen neue Möglichkeiten, Lernleistungen authentischer und praxisnäher zu erfassen. Automatisierte Feedbacksysteme und algorithmische Auswertungen können zudem eine höhere Objektivität und Konsistenz in der Leistungsbewertung schaffen. Besonders hervorzuheben ist die Chance, Studierende durch kontinuierliche, personalisierte Rückmeldungen zu einer stärkeren Reflexion, Selbststeuerung und Metakognition zu befähigen. Damit tragen KI-basierte Systeme dazu bei, Lernprozesse nicht nur sichtbarer, sondern auch nachhaltiger zu gestalten.

Gleichzeitig wird deutlich, dass die Digitalisierung der Prüfungswelten nicht ohne Risiken verläuft. Transparenz und Nachvollziehbarkeit der eingesetzten Algorithmen, die Gefahr des Deskillings durch eine unreflektierte Übernahme automatisierter Lern- und Bewertungsentscheidungen, Fragen der Chancengleichheit sowie datenschutzrechtliche Bedenken im Zusammenhang mit Online-Proctoring

H. Dindas, K. Keller, *Digitale Prüfungen an Hochschulen im Zeitalter der KI*, FOM-Edition, https://doi.org/10.1007/978-3-658-50530-1_5

markieren zentrale Spannungsfelder. Ebenso zeigt sich, dass KI-gestützte Innovationen häufig fragmentarisch eingeführt werden und ihr Erfolg maßgeblich von institutionellen Rahmenbedingungen, didaktischer Einbettung und gezielter Qualifizierung abhängt. Hochschulen sind daher gefordert, diese Technologien nicht als bloße Effizienzwerkzeuge zu betrachten, sondern sie kritisch und reflektiert in die Gestaltung einer zukunftsfähigen Prüfungskultur einzubinden.

Ein weiterer Befund dieses Bandes betrifft die Notwendigkeit, Kompetenzen jenseits des Fachwissens in den Mittelpunkt zu rücken. Die Diskussion um AI Literacy und die gezielte Förderung von Problemlösefähigkeit, kritischem Denken und digitaler Mündigkeit erfährt durch KI und digitale Prüfungsformen (erneut) neuen Aufwind. Prüfungen entscheiden nicht nur über Leistungsnachweise, sondern setzen Maßstäbe für das, was als relevante Kompetenz gilt. Deshalb ist es entscheidend, Prüfungsformate so weiterzuentwickeln, dass sie nicht nur Wissensbestände abfragen, sondern auch reflektierte, kreative und gesellschaftlich verantwortliche Handlungskompetenzen sichtbar machen.

Gleichwohl gilt es, die Grenzen der vorliegenden Untersuchung zu betonen. Sie basiert primär auf einer umfassenden Literatur- und Diskursanalyse; eigene empirische Studien konnten nicht eingebunden werden. Zudem ist das Forschungsfeld hochdynamisch – gerade im Bereich KI sind heutige Befunde morgen womöglich schon überholt. Schließlich unterscheiden sich institutionelle Kontexte, Fachkulturen und rechtliche Rahmenbedingungen teils erheblich, sodass generalisierende Aussagen mit Vorsicht zu treffen sind.

Aus diesen Ergebnissen ergeben sich konkrete Implikationen für Forschung und Praxis. Zukünftige Studien sollten verstärkt empirisch untersuchen, wie Studierende und Lehrende digitale und KI-gestützte Prüfungsformate erleben, welche Wirkmechanismen adaptiver Systeme greifen und wie sich Fragen von Akzeptanz, Fairness und Integrität langfristig entwickeln. Ebenso dringend erforderlich ist die Entwicklung klarer ethischer Leitlinien und institutioneller Standards, um Transparenz, Nachvollziehbarkeit und Verantwortlichkeit im Einsatz von KI zu gewährleisten. Für die Praxis bedeutet dies: Hochschulen sollten digitale und KI-basierte Innovationen curricular verankern, hochschuldidaktische Weiterbildung systematisch ausbauen und Lehrende wie Studierende gleichermaßen befähigen, diese Technologien kritisch, reflektiert und selbstbestimmt zu nutzen. Dabei ist auch die Einbindung rechtlicher Vorgaben – wie sie im aktuellen Rechtsgutachten zur Bedeutung des EU AI Acts für Hochschulen herausgearbeitet wurden – zentral, um institutionelle Strategien mit den europäischen Rahmenbedingungen in Einklang zu bringen.

Die Auseinandersetzung mit KI und digitalisierten Prüfungen verdeutlicht, dass technologische Innovationen immer auch didaktische und kulturelle Fragen aufwerfen. Prüfungen sind nicht neutral; sie prägen Lernkulturen, definieren Leistungsmaßstäbe und beeinflussen Bildungsbiografien. Deshalb braucht es ein Bewusstsein dafür, dass digitale Prüfwelten nur dann zu einer lernförderlichen, gerechten und nachhaltigen Hochschulbildung beitragen, wenn sie im Zusammenspiel mit pädagogischer Reflexion, ethischer Verantwortung und institutioneller Gestaltung entwickelt werden.

Letztlich bleibt festzuhalten: Die Zukunft des Prüfens liegt nicht in der vollständigen Automatisierung, sondern in der klugen Balance zwischen menschlicher Urteilskraft und technologischer Unterstützung. Hochschulen sollten sich als Gestaltende dieser Zukunft verstehen – als Orte, an denen KI nicht das Denken ersetzt, sondern Räume schafft, in denen Studierende kritisch, kreativ und verantwortungsvoll lernen, prüfen und handeln können.

Was Sie aus diesem Band der FOM-Edition Kompakt mitnehmen können

- Ein geschärftes Verständnis für den Wandel von Digitalisierung zu Post-Digitalität und seine Implikationen für Lehre, Lernen und Prüfen
- Orientierung in aktuellen Debatten zu kompetenzorientierten Prüfungen, personalisierten Lernwegen und KI-gestützter Bewertung – kritisch abgewogen in Bezug auf Potenziale und Risiken
- Praxisnahe Beispiele digitaler Prüfungsformate – von E-Portfolios und Projektprüfungen bis zu mündlichen Online-Formaten und adaptiven KI-Assessments
- Eine differenzierte Analyse zentraler Herausforderungen wie Transparenz, Fairness, Integrität, Deskilling und sozialer Präsenz – inklusive Einordnung aktueller Regulierungen (z. B. EU AI Act)
- Konkrete Empfehlungen für eine rechtlich fundierte und didaktisch sinnvolle Integration neuer Technologien in die Hochschullehre
- Einen Orientierungsrahmen, der technologische Entwicklungen mit bildungsbezogenen Werten verbindet und Perspektiven für eine integritätsbewusste, zukunftsorientierte Hochschulbildung eröffnet

H. Dindas, K. Keller, *Digitale Prüfungen an Hochschulen im Zeitalter der KI*, FOM-Edition, https://doi.org/10.1007/978-3-658-50530-1

Literatur

Anger, C., Betz, J., & Plünnecke, A. (2025). *Bildungspolitik – Was jetzt zu tun ist. Handlungsempfehlungen an die Politik nach den Bundestagswahlen.* Institut der deutschen Wirtschaft. https://www.iwkoeln.de/fileadmin/user_upload/Studien/Gutachten/PDF/2025/Sondergutachten_INSM_2025_Bildungspolitik.pdf. Zugegriffen am 13.08.2025.

Arbeitsgruppe Künstliche Intelligenz: Essenzielle Kompetenzen an Hochschulen. (2025). *Künstliche Intelligenz: Grundlagen für das Handeln in der Hochschullehre* (Arbeitspapier Nr. 86). Hochschulforum Digitalisierung.

Auferkorte-Michaelis, N., & Linde, F. (2022). Diversität an Hochschulen: Einblick, Umsicht und Aussicht. *MedienPädagogik 48* (Digitalisierung als Katalysator), (S. 1–12). https://doi.org/10.21240/mpaed/48/2022.06.03.X

Auferkorte-Michaelis, N., Bonnes, M., Hintze, P., & Liebscher, J. (Hrsg.). (2025). *Prüfungen digital gestalten Technische und didaktische Konzepte für die Hochschullehre.* Barbara Budrich.

Augustin, I., Fontana, K., Häfner, T., Knieling, S., & Rappl, L. (2024). *Digital kompetenzorientiert prüfen in ii.oo. Leitfaden –Version 1.0.* https://iioo.education/wp-content/uploads/2024/10/Leitfaden-Digital-kompetenzorientiert-Pruefen-iioo_final-2.pdf. Zugegriffen am 14.08.2025.

Autor:innengruppe Bildungsberichterstattung. (2024). *Bildung in Deutschland 2024. Ein indikatorengestützter Bericht mit einer Analyse zu beruflicher Bildung.* https://www.destatis.de/DE/Themen/Gesellschaft-Umwelt/Bildung-Forschung-Kultur/Bildungsstand/Publikationen/Downloads-Bildungsstand/bildung-deutschland-hauptbericht-5210001.pdf?__blob=publicationFile. Zugegriffen am 13.08.2025.

Bandtel, M., Baume, M., Brinkmann, E., Bedenlier, S., Budde, J., Eugster, B., Ghoneim, A., Halbherr, T., Persike, M., Rampelt, F., Reinmann, G., Sari, Z., & Schulz, A. (2021). *Digitale Prüfungen in der Hochschule. Whitepaper einer Community Working Group aus Deutschland, Österreich und der Schweiz* (Diskussionspapier Nr. 62/September 2021). Hochschulforum Digitalisierung.

Basner, T. (2023). *Diversity braucht Digitalisierung: Hochschulstrategien für alle Bedürfnisse* (Diskussionspapier Nr. 20). Hochschulforum Digitalisierung.

Baumgartner, P. (2012). *Eine Taxonomie für E-Portfolios – Teil II des BMWF-Abschlussberichts „E-Portfolio an Hochschulen": GZ 51.700/0064-VII/10/2006.* Forschungsbericht. Department für Interaktive Medien und Bildungstechnologien, Donau Universität Krems.

Bayrisches Forschungsinstitut für Digitale Transformation. (2023). *Mangelnde Transparenz und Nachvollziehbarkeit von KI-Anwendungen.* https://www.bidt.digital/themenmonitor/mangelnde-transparenz-und-nachvollziehbarkeit-von-ki-anwendungen/. Zugegriffen am 27.08.2025.

Bedenlier, S., Gerl, S., Küppers, B., & Bandtel, M. (Hrsg.). (2024). *Digitale Prüfungsszenarien in der Hochschule. Didaktik – Technik – Vernetzung.* wbv Publikation.

Berger, S., & Moser, U. (2020). Adaptives Lernen und Testen. *Journal für LehrerInnenbildung, 20*(1), 42–52. https://doi.org/10.35468/jlb-01-2020_03

Bloom, B. S. (1968). *Learning for Mastery.* http://www.researchforteachers.org.uk/sites/default/files/Docs/Bloom%20(1968)%20Learning%20for%20Mastery_0.pdf. Zugegriffen am 14.08.2025.

Bohndick, C., Bülow-Schramm, M., Paul, D., & Reinmann, G. (Hrsg.). (2021). *Hochschullehre im Spannungsfeld zwischen individueller und institutioneller Verantwortung.* Springer.

Brandhofer, G., Gröblinger, O., Jadin, T., Raunig, M., & Schindler, J. (Hrsg.). (2024). *Von KI lernen, mit KI lehren: Die Zukunft der Hochschulbildung.* Projektbericht. https://www.fnma.at/content/download/2990/19034. Zugegriffen am 14.08.2025.

Buck, I., Jost, C., Kreis-Hoyer, P., & Limburg, A. (2023). *KI-induzierte Transformation an Hochschulen* (Diskussionspapier Nr. 26/November 2023). Hochschulforum Digitalisierung.

Budde, J., & Friedrich, J.-D. (2024). *Monitor Digitalisierung 360° Wo stehen die deutschen Hochschulen?* (Arbeitspapier Nr. 83/November 2024). Hochschulforum Digitalisierung.

Budde, J., Eichhorn, J., & Tobor, J. (2024a). *Vision einer neuen Prüfungskultur* (Diskussionspapier Nr. 28/Januar 2024). Hochschulforum Digitalisierung.

Budde, J., Tobor, J., & Friedrich, J.-D. (2024b). *Künstliche Intelligenz. Wo stehen die deutschen Hochschulen?* Hochschulforum Digitalisierung.

Bundesamt für Sicherheit in der Informationstechnik. (2024). *Transparenz von KI-Systemen.* Whitepaper. https://www.bsi.bund.de/SharedDocs/Downloads/DE/BSI/KI/Whitepaper-Transparenz-KI-Systeme.pdf?__blob=publicationFile&v=3. Zugegriffen am 27.08.2025.

Bundesministerium für Bildung und Forschung. (2024). *Bundesbericht Forschung und Innovation 2024.* https://www.bundesbericht-forschung-innovation.de/files/BMBF_BuFI-2024_Hauptband.pdf. Zugegriffen am 13.08.2025.

Buttner, P., & Vocke, C. (2004). Modularisierung von Studiengängen: Grundsatzüberlegungen. *Beiträge zur Hoschschulforschung, 2*(26), 6–27.

Chaudhuri N., Degenhardt M., Dindas H., Fritsch T., Greinert M., Hainke J., Möller C., Möller W., Ondrusch N., Weitzel J., & Zarebski M. (2024). *Zukunftsorientierte Lehre – Reflektieren, Gestalten, Inspirieren. Portfolio-Baukasten für die individualisierte Lehrkompetenzentwicklung* (Arbeitspapier Nr. 81/September 2024). Hochschulforum Digitalisierung.

Die Zeit. (2025). *Herausforderung KI: Wie Hochschulen mit Betrug umgehen.* https://www.zeit.de/news/2025-02/02/herausforderung-ki-wie-hochschulen-mit-betrug-umgehen. Zugegriffen am 27.08.2025.

DigiTeach-Institut. (2025). *KI-Einsatz in der Lehre. Leitfaden des DigiTeach-Instituts.* https://www.hochschule-bochum.de/fileadmin/public/Die-BO_Hochschule/digitalisierung/Dateien_DigiTeach/KI-Leitfaden-HSBO_final.pdf. Zugegriffen am 27.08.2025.

Dindas, H. (2021). Wissenstransfer und Transferkompetenz in Studium und Lehre – Grundlagen und Veranschaulichung am Beispiel der FOM Hochschule. In A. Boos, M. van den Eeden, & T. Viere (Hrsg.), *CSR und Hochschullehre: Transdisziplinäre und innovative Konzepte und Fallbeispiele* (S. 97–127). Springer.

Dindas, H. (2024). Auf den Schultern von Riesen in die Zukunft der Hochschulbildung. Eine Neugestaltung der Hochschullehre im Zeitalter von Future, Global und Emerging Skills? In S. Fichtner Rosada, T. Heupel, C. Hohoff, & J. Heuwing-Eckerland (Hrsg.), *European Year of Skills 2023 – Kompetenzen für die Zukunft* (S. 231–250). Springer Gabler.

Dindas, H. (2025). From giants to innovation: Shaping a global future skills literacy in higher education. In V. Chiou, L. Geunis, O. Holz, N. O. Ertürk, J. Ratkowska-Pasikowska, & F. Shelton (Hrsg.), *Research and evidence-based perspectives in education. Diverse discourses, connected conversations* (S. 332–344). Waxmann.

Dindas, H., & Schulte, F. P. (2024). Social Presence: Der Schlüssel zu effektiverem Lernen in der virtuellen Präsenzlehre? Überlegungen zur virtuellen Körperlichkeit in digitalen Lehr- und Lernsettings. *Journal für Allgemeine Didaktik., 12*(2024), 84–108.

Dindas, H., & Schulte, F. P. (2026). Die Zukunft (v)erlernen: Kritische Perspektiven auf Künstliche Intelligenz und Future Skills in der hochschuldidaktischen Weiterbildung. In K. Keller, T. Heupel, C. Hohoff, & J. Heuwing-Eckerland (Hrsg.), *Digitale Kompetenzentwicklung im Bildungsprozess und Konzepte digitalisierter Bildung.* Springer Gabler.

Drewes, P. (2024). *Prüfungskultur, aber zeitgemäß!* Diskussionspapier des Landesbüros NRW der Friedrich-Ebert-Stiftung. Ausgabe 2/2024. https://library.fes.de/pdf-files/bueros/nrw/21390.pdf. Zugegriffen am 23.1.2026.

Dreyer, M. (2025). *Künstliche Intelligenz in der Hochschullandschaft: Balance zwischen Innovation und Selbstbestimmung.* Hochschulforum Digitalisierung. https://hochschulforumdigitalisierung.de/ki-hochschule/. Zugegriffen am 13.08.2025.

Duale Hochschule Baden-Württemberg. (2024). *E-Portfolios als Prüfungsform in Zeiten von KI.* https://www.edcon.dhbw.de/edcon/news/detail/2024/10/e-portfolios-als-pruefungsform-in-zeiten-von-ki. Zugegriffen am 14.08.2025.

Eggensperger, P., Kleiber, I., Klöber, R., Lorenz, S. M., & Schindel, A. (2023). *Virtuelle Hochschullehre Ein Handbuch in 50 Fragen und Antworten.* heiBOOKS.

Eyre, Heidi L.: Keller's Personalized System of Instruction: Was it a Fleeting Fancy or is there a Revival on the Horizon? https://files.eric.ed.gov/fulltext/EJ800986.pdf. Zugegriffen am 23.1.2026.

Falloon, G. (2020). From digital literacy to digital competence: The teacher digital competency (TDC) framework. *Educational Technology Research and Development, 68,* 2449–2472. https://doi.org/10.1007/s11423-020-09767-4

Finke, K. (2023). *Wie es mit KI in der Hochschule weitergeht.* https://www.forschung-und-lehre.de/management/default-ad52228767-6061. Zugegriffen am 13.08.2025.

Funke, J., Ortelt, T. R., & Eugster, B. (2020). *Online-Proctoring als didaktische Einbahn-straße*. https://hochschulforumdigitalisierung.de/online-proctoring-als-didaktische-einbahnstrasse/. Zugegriffen am 13.08.2025.

Getto, B., Hintze, P., & Kerres, M. (2018). (Wie) Kann Digitalisierung zur Hochschulent-wicklung beitragen? In B. Getto, P. Hintze, & M. Kerres (Hrsg.), *Digitalisierung und Hochschulentwicklung* (S. 13–25). Proceedings zur 26. Tagung der Gesellschaft für Medien in der Wissenschaft e.V. Waxmann.

Giefers, M., Wehner, M., Mai, L., & Köchling, A. (2020). *Lernplattformen in der Hochschul-lehre: Lassen sich Lehrende von Learning Analytics beeinflussen?* https://hochschulforumdigitalisierung.de/lernplattformen-in-der-hochschullehre-lassen-sich-lehrende-von-learning-analytics-beeinflussen/. Zugegriffen am 14.08.2025.

Gredel, E., Pospiech, U., & Schindler, K. (2024). Künstliche Intelligenz und Schreiben in (hoch-)schulischen Kontexten. *Zeitschrift für germanistische Linguistik, 52*(2), 378–404. https://doi.org/10.1515/zgl-2024-2018

Grotlüschen, A., & Wilhelm, J. (2022). So lonely? Einsamkeit trotz Digitalisierung. Der Blick auf Ältere und auf Digitalisierung während der Corona-Pandemie. In B. Döcker (Hrsg.), *Einsamkeit. Facetten eines Gefühls. Sonderband der Theorie und Praxis der Sozialen Arbeit* (S. 73–81). Beltz Juventa.

Grünberger, N. (2021). Postkolonial post-digital. Forschungsfelder und Anschlussstellen für die Medienpädagogik durch eine postkoloniale Perspektive auf eine Post-Digitalität. *MedienPädagogik 16 (Jahrbuch Medienpädagogik)*, 211–229. https://doi.org/10.21240/mpaed/jb16/2021.02.25

Hanft, A., Kretschmer, S., & Hug, V. (2019). Hochschullehre aus der Studierenden-Perspek-tive denken: individuelle Lernpfade im Inverted Classroom. *Zeitschrift für Hochschulent-wicklung, 14*(3), 323–340. https://doi.org/10.3217/zfhe-14-03/19

Hascher, T., & Hagenauer, G. (2010). Lernen aus Fehlern. In C. Spiel, B. Schober, P. Wagner, & R. Reimann (Hrsg.), *Bildungspsychologie* (S. 377–381). Hogrefe.

Haß, V. (2024). *Quantitative Studien zu KI in Schule und Hochschule*. Überblick und Auswertung bundesweiter Umfragen unter Schüler*innen, Eltern, Schulträgern, Lehrenden, und Studierenden in 2023 und 2024. https://hubbs.schule/sodix/proxy-file/13011/1. Zugegriffen am 14.08.2025.

Herzberg, D. (2023). Künstliche Intelligenz in der Hochschulbildung und das Transparenz-problem. Eine Analyse und ein Lösungsvorschlag. In T. Schmohl, A. Watanabe, & K. Schelling (Hrsg.), *Künstliche Intelligenz in der Hochschulbildung. Chancen und Grenzen des KI-gestützten Lernens und Lehrens* (S. 87–98). transcript.

Heun, T. (2024). *Hybride Lehrveranstaltungen oder das Beste aus zwei Welten: Ergebnisse einer studentischen Befragung.* Hochschulforum Digitalisierung. https://hochschulforumdigitalisierung.de/hybride-lehrveranstaltungen-heun/. Zugegriffen am 13.08.2025.

Himmelrath, A. (2021). *Online-Überwachung von Studienprüfungen ist möglicherweise rechtswidrig.* https://www.spiegel.de/panorama/bildung/studium-online-ueberwachung-von-pruefungen-ist-moeglicherweise-rechtswidrig-a-204f1942-da74-4b97-9d46-123513bbf7e7. Zugegriffen am 12.08.2025.

Hochschulrektorenkonferenz. (2021). *COVID-19-Krise: Auswirkungen auf Forschung an den Hochschulen.* Positionspapier. https://www.hrk.de/fileadmin/redaktion/hrk/02-Dokumente/02-01-Beschluesse/2021-01-25_HRK-PS-Beschluss_Corona_Auswirkungen_auf_Forschung_an_HS.pdf. Zugegriffen am 11.08.2025.

Hoeren, T. (2025). *Rechtsgutachten zur Bedeutung der europäischen KI-Verordnung für Hochschulen.* https://hss-opus.ub.ruhr-uni-bochum.de/opus4/files/13421/RechtsgutachtenBedeutungEuropaeischenKI-VerordnungHochschulen.pdf. Zugegriffen am 28.08.2025.

Hofmann, J. (2025). KI in der akademischen Prüfungsbewertung: Anforderungen und Leitlinien. *Zeitschrift für Hochschulentwicklung, 20*(SH-KI-1), 109–125. https://doi.org/10.21240/zfhe/SH-KI-1/07

Holmes, W., Anastopoulou, S., Schaumburg, H., & Mavrikis, M. (2018). *Personalisiertes Lernen mit digitalen Medien. Ein roter Faden.* Robert Bosch Stiftung.

Initiative Bildung und digitaler Kapitalismus. (2023). *Bildung und digitaler Kapitalismus – ein Positionspapier.* https://bildung-und-digitaler-kapitalismus.de/wp-content/uploads/2023/07/Initiative_Positionspapier.pdf. Zugegriffen am 14.08.2025.

Ionica, L., Vissiennon, M., & Budde, J. (2024). *Studiengänge für eine digitale Welt* (Arbeitspapier Nr. 76/Februar 2024). Hochschulforum Digitalisierung.

Keller, F. S. (1968). Good-bye teacher …. *Journal of Applied Behavior Analysis, 1*(1), 79–89. https://doi.org/10.1901/jaba.1968.1-79

Keller, K., & Dindas, H. (2025). *Innovatives Lehren und Lernen an Hochschulen. Transferorientierte Handlungsprinzipien.* Springer Gabler.

Kerres, M. (2024). *Mediendidaktik. Lernen in der digitalen Welt.* De Gruyter.

KI-Campus. (o.J.). *Die kostenlose Lernplattform für Künstliche Intelligenz.* https://ki-campus.org/. Zugegriffen am 13.08.2025.

Klar, M., & Schleiss, J. (2024). Künstliche Intelligenz im Kontext von Kompetenzen, Prüfungen und Lehr-Lern-Methoden. Alte und neue Gestaltungsfragen. *MedienPädagogik, 58*(JFMH2023), 41–57. https://doi.org/10.21240/mpaed/58/2024.03.24.X

Kleinn, K., Slotosch, S., Bandtel, M., & Bumann, E. (Hrsg.). (2023). *Digitale Prüfungen – flexibel, kompetenzorientiert und gerecht. Erfahrungen und Erkenntnisse aus dem Projekt PePP: Partnerschaft für innovative E-Prüfungen. Projektverbund der baden-württembergischen Universitäten.* https://publikationen.bibliothek.kit.edu/1000161784/151237045. Zugegriffen am 14.08.2025.

Knox, J. (2019). What Does the 'Postdigital' Mean for Education? Three Critical Perspectives on the Digital, with Implications for Educational Research and Practice. *Postdigit Sci Educ, 1*, 357–370. https://doi.org/10.1007/s42438-019-00045-y

Kohls, C., & Dubbert, D. (2023). *Hybride Lernräume gestalten.* e-teaching.org, https://www.e-teaching.org/etresources/pdf/erfahrungsbericht_2023_kohls_dubbert_hybride-lernraeume-gestalten.pdf. Zugegriffen am 28.08.2025.

Langela-Bickenbach, A., Dreier, R., Wampfler, P., & Albrecht, C. (Hrsg.). (2024). *Wege zu einer zeitgemäßen Prüfungskultur. Grundlagen und Praxisbeispiel.* Beltz.

Larrabee Sønderlund, A., Hughes, E., & Smith, J. (2019). The efficacy of learning analytics interventions in higher education: A systematic review. *British Journal of Educational Technology, 50*, 2594–2618. https://doi.org/10.1111/bjet.12720

Lernende Systeme – Die Plattform für Künstliche Intelligenz. (Hrsg.). (2021). *Kompetenzentwicklung für KI – Veränderungen, Bedarfe und Handlungsoptionen.* Whitepaper aus der Plattform Lernende Systeme. https://doi.org/10.48669/pls_20212

Lewe, M.-T. (2024). Zwischen Täuschungsversuchen und kompetenzorientierten Prüfungen: Studieren und Lehren im Spannungsfeld von Didaktik, Bologna und Prüfungsrecht. Ein Plädoyer für frei(er)es Lernen und Lehren. In: Perspektiven auf Lehre. *Journal for Hig-*

her Education and Academic Development, 4(2), 19–28. https://doi.org/10.55310/ jfhead.51

Limburg, A., & Buck, I. (2023). ChatGPT et al. Gefahr, Chance oder Imperativ für das hochschulische Bildungssystem? *Aviso. Informationsdienst der Deutschen Gesellschaft für Publizistik- und Kommunikationswissenschaft, 76*(1), 18–19.

Linde, F., & Auferkorte-Michaelis, N. (2025). Beteiligungsorientierte Lehre – Ein diversitäsdidaktischer Ansatz. In N. Vöing (Hrsg.), *Praxishandbuch Hochschullehre. Grundlagen, Methoden und Lehrformate* (S. 318–341). transcript.

Lübcke, M., Stein, M., Gilch, H., & Wannemacher, K. (2023). *Akteure des digitalen Kulturwandels an der Schnittstelle von Lehre und Verwaltung.* Zur Rolle von Vizepräsident:innen für Digitalisierung, Chief Information Officers und Chief Digital Officers an Hochschulen (Arbeitspapier Nr. 69/Juni 2023). Hochschulforum Digitalisierung.

Martin, A., & Pengel, N. (2024). Die kreative Nutzung von KI zur Personalisierung des Lernens an Hochschulen. *Ludwigsburger Beiträge zur Medienpädagogik – LBzM, 24*, 1–11. https://doi.org/10.21240/lbzm/24/03

Mayrberger, K. (2019). *Partizipative Mediendidaktik. Gestaltung der (Hochschul-)Bildung unter den Bedingungen der Digitalisierung.* Beltz Juventa.

Mayrberger, K. (2024). *Agile Educational Leadership Version 2.0 – (A)AEL.* https://agile-educational-leadership.de/. Zugegriffen am 13.08.2025.

Mayrberger, K. (2025). Mediendidaktik als Didaktik für (Hochschul-) Bildung in der Digitalität – zwischen Anschlussfähigkeit und Eigenheit. Kommentar zu ‹Mediendidaktik – Versuch einer Positionierung› von Michael Kerres. *MedienPädagogik, 65*(MEDIDA24), 35–44. https://doi.org/10.21240/mpaed/65/2025.04.28.X

Mayweg, E., Enders, N., Bohndick, C., & Rückmann, J. (2023). Online, blended oder Präsenz? Ein systematisches Literaturreview von Metaanalysen zur Effektivität hochschulischer Lehrformate. *Zeitschrift für empirische Hochschulforschung, 7*(1), 96–122. https://doi.org/10.3224/zehf.v7i1.07

Meyer, K., & Hildebrand, R. (2021). Berufsorientierte Projektwochen in der Studieneingangsphase. In T. Schmohl (Hrsg.), *Situiertes Lernen im Studium. Didaktische Konzepte und Fallbeispiele einer erfahrungsbasierten Hochschullehre* (S. 153–167). wbv media.

Miller, D. (2010). E-Portfolio als Medium zur Vernetzung von Lehre und Forschung. In S. Mandel, M. Rutishauser, & E. Seiler Schiedt (Hrsg.), *Digitale Medien für Lehre und Forschung* (S. 118–130). Waxmann.

Mundorf, M., Wilder, N., & Weßels, D. (2022). *ChatGPT ist erst der Anfang.* https://hochschulforumdigitalisierung.de/chatgpt-ist-erst-der-anfang/. Zugegriffen am 13.08.2025.

Nguyen, Q., Rienties, B., & Richardson, J. T. (2019). Learning analytics to uncover inequality in behavioural engagement and academic attainment in a distance learning setting. *Assessment & Evaluation in Higher Education, 45*(4), 594–606. https://doi.org/10.108 0/02602938.2019.1679088

Nickel, S., Püttmann, V., & Schulz, N. (2018). Trends im berufsbegleitenden und dualen Studium. Vergleichende Analysen zur Lernsituation von Studierenden und Studiengangsgestaltung. *Study, 396. Band.* Hans-Böckler-Stiftung, https://www.boeckler.de/fpdf/ HBS-007000/p_study_hbs_396.pdf. Zugegriffen am 12.08.2025.

Niedermeier, S., Sailer, M., Remböck, L., & Stadler, M. (2022). Ich packe meinen Koffer: Unterlagen und Performanz bei Open-Book-Klausuren. *Zeitschrift für Hochschulentwicklung, 17*(1), 157–177. https://doi.org/10.3217/zfhe-17-01/10

Ninaus, M., & Sailer, M. (2022). Zwischen Mensch und Maschine: Künstliche Intelligenz zur Förderung von Lernprozessen. *Lernen und Lernstörungen, 11*(4), 213–224. https://doi.org/10.1024/2235-0977/a000386

Peschke, S. (2022). Barrierefreiheit bei (digitalen) Prüfungen – Möglichkeiten und Grenzen. In S. Voß-Nakkour, L. Rustemeier, M. Möhring, A. Deitmer, & S. Grimminger (Hrsg.), *Digitale Barrierefreiheit in der Bildung weiter denken. Innovative Impulse aus Praxis, Technik und Didaktik* (Sammelband). Universitätsbibliothek Johann Christian Senckenberg.

Rashid, S. F., Reichow, I., Blanc, B., & mmb Institut GmbH (2023). *Standards für Künstliche Intelligenz im Bildungsbereich. Ein Dossier im Rahmen des INVITE-Wettbewerbs.* https://doi.org/10.25656/01:26921

Reinhold, L., & Händel, M. (2025). Bewertung durch eine künstliche Intelligenz? Auswertungs- und Interpretationsobjektivität von ChatGPT-4o bei der Bewertung von Lerntagebucheinträgen. *MedienPädagogik, 65*(MEDIDA24), 227–250. https://doi.org/10.21240/mpaed/65/2025.08.03.X

Reinmann, G. (2016). Kompetenzorientierung und Prüfungspraxis an Universitäten: Ziele heute und früher, Problemanalyse und ein unzeitgemäßer Vorschlag. In S. Lin-Klitzing, D. Di Fuccia, & T. Gaube (Hrsg.), *Leistungsstandards und Leistungsbewertung an Gymnasien und Universitäten. Beiträge zur (nicht) vorhandenen Passung* (S. 114–126). Julius Klinkhardt.

Reinmann, G. (2019). *Digitalisierung und hochschuldidaktische Weiterbildung: Eine Kritik.* https://gabi-reinmann.de/wp-content/uploads/2018/12/Digitalisierung-Hochschuldidaktik-WB-Dez18.pdf. Zugegriffen am 04.02.2024.

Reinmann, G. (2022). Ungeliebter Druck. Thesen für einen Wandel der Prüfungskultur. *Forschung & Lehre, 6*(22), 456–457.

Reinmann, G. (2023). *Deskilling durch Künstliche Intelligenz? Potenzielle Kompetenzverluste als Herausforderung für die Hochschuldidaktik* (Diskussionspapier Nr. 25/Oktober 2023). Hochschulforum Digitalisierung.

Reinmann, G. (2024a). Generative Künstliche Intelligenz in der Hochschullehre: Ein Interview. *Impact Free, 60*, 1–6.

Reinmann, G. (2024b). Gedankenexperiment als Bildungstheoretisches Instrument in der Forschung zu Künstlicher Intelligenz im Hochschulkontext. *Impact Free, 58*, 1–11.

Reinmann, G. (2025). *KI als Spiegel des Menschen.* https://gabi-reinmann.de/ki-als-spiegel-des-menschen/. Zugegriffen am 12.08.2025.

Reinmann, G. (im Druck, 2026). Generativer KI in Studium und Lehre: Die Bedeutung fachlichen Wissen für kritisches Denken. In: U. Dittler & C. Kreidl (Hrsg.). *Fragen an die Hochschuldidaktik der Zukunft.* Schäffer-Poeschel.

Reinmann, G., Watanabe, A., Herzberg, D., & Simon, J. (2025). Selbstbestimmtes Handeln mit KI in der Hochschule: Forschungsdefizit und -perspektiven. *Zeitschrift für Hochschulentwicklung, 20*(SH-KI-1), 33–50. https://doi.org/10.21240/zfhe/SH-KI-1/03

Reith, S., & Bannert, M. (2021). *Selbstreguliertes Lernen mit digitalen Medien – Förderung im Unterricht.* Technische Universität München. https://epub.ub.uni-muenchen.de/93845/1/02_Selbstreguliertes%20Lernen%20mit%20digitalen%20Medien%20-%20Fo%CC%88rderung%20im%20Unterricht.pdf. Zugegriffen am 14.08.2025.

Salden, P., & Leschke, J. (Hrsg.). (2024). *Learning Analytics und Künstliche Intelligenz in Studium und Lehre.* Springer VS.

Scheiter, K., Bauer, E., Omachevska, Y, Schumacher, C., & Sailer, M. (2025). *Künstliche Intelligenz in der Schule Eine Handreichung zum Stand in Wissenschaft und Praxis*. https://www.empirische-bildungsforschung-bmbfsfj.de/img/KI_Review.pdf. Zugegriffen am 13.08.2025.

Schepkowski, D., Martin, B., & Ferdinand, P. (2020). Pädagogisch-Didaktische Heraus-forderungen bei der Entwicklung von digitalen Lernumgebungen in der laborbasierten Lehre. Am Beispiel des Projekts ‚DigiLab4You'. *Zeitschrift MedienPädagogik 17* (Jahrbuch Medienpädagogik), 347–372. https://doi.org/10.21240/mpaed/jb17/2020.05.14.X

Schmidt, C., Sedlmeier, T., Bauer, K., Canz, M., Schlemmer, D., & Sänger, V. (2025). Förderung von KI-Kompetenz – Lernen mit und über Chatbots in einem Making-Szenario. *Zeitschrift für Hochschulentwicklung, 20*(SH-KI-2), 185–205. https://doi.org/10.21240/zfhe/SH-KI-2/10

Schmohl, T., Watanabe, A., & Schelling, K. (2023). *Künstliche Intelligenz in der Hochschulbildung*. transcript.

Schön, S., Leitner, P., Lindner, J., & Ebner, M. (2023). Learning Analytics in Hochschulen und Künstliche Intelligenz. Eine Übersicht über Einsatzmöglichkeiten, erste Erfahrungen und Entwicklungen von KI-Anwendungen zur Unterstützung des Lernens und Lehrens. In T. Schmohl, A. Watanabe, & K. Schelling (Hrsg.), *Künstliche Intelligenz in der Hochschulbildung. Chancen und Grenzen des KI-gestützten Lernens und Lehrens* (S. 27–49). transcript.

Schütt, S. (2025). *Wie die Notengebung durch die Künstliche Intelligenz gerechter werden kann*. https://www.campus-schulmanagement.de/magazin/wie-die-notengebung-durch-die-kuenstliche-intelligenz-gerechter-werden-kann-sven-schuett. Zugegriffen am 24.09.2024.

Spoden, C., Fink, A., Frey, A., Köhler, H., & Naumann, P. (2022). Kompetenzorientierung und Fairness bei individualisierten E-Klausuren. *Zeitschrift für Hochschulentwicklung, 17*(1), 121–140. https://doi.org/10.3217/zfhe-17-01/08

Stebler, R., Pauli, C., & Reusser, K. (2018). Personalisiertes Lernen. Zur Analyse eines Bildungsschlagwortes und erste Ergebnisse aus der perLen-Studie. *Zeitschrift für Pädagogik, 64*(2), 159–178. https://doi.org/10.25656/01:21816

Stifterverband. (2021). *Fluch und Segen der digitalen Prüfung*. https://www.stifterverband.org/insights/bildung-kompetenzen/lernorte/fluch-und-segen-der-digitalen-pruefung. Zugegriffen am 14.08.2025.

Thielsch, A., & van Straaten, E.-M. A. (2024). "I don't regret anything" – A case study on creativity in higher education. In N. Vöing, T. Jenert, I. Neiske, J. Osthushenrich, U. Trier, T. Weber, & K. Altroggen (Hrsg.), *Hochschullehre postdigital. Lehren und Lernen neu gestalten* (S. 85–100). wbv.

UNESCO. (2023). *Global Education Monitoring Report 2023. Technology in education: A tool on whose terms?* https://unesdoc.unesco.org/ark:/48223/pf0000385723. Zugegriffen am 13.08.2025.

vencortex. (2021). *Deskilling, upskilling, and reskilling: a case for hybrid intelligence*. https://www.vencortex.io/resource/deskilling-upskilling-and-reskilling-a-case-for-hybrid-intelligence. Zugegriffen am 14.08.2025.

Von Garrel, J., Mayer, J., & Mühlfeld, M. (2023). *Künstliche Intelligenz im Studium. Eine quantitative Befragung von Studierenden zur Nutzung von ChatGPT & Co.* https://opus4.kobv.de/opus4-h-da/frontdoor/deliver/index/docId/395/file/befragung_ki-im-studium.pdf. Zugegriffen am 14.08.2025.

Wagner, M., Gössl, A., Pishtari, G., & Ley, T. (2025). Potenziale von Künstlicher Intelligenz für die Hochschullehre – eine Analyse von Strategiepapieren. *Zeitschrift für Hochschulentwicklung, 20*(SH-KI-1), 51–70. https://doi.org/10.21240/zfhe/SH-KI-1/04

Wannemacher, K., Bosse, E., Lübcke, M., & Kaemena, A. (2025). *Wie KI Studium und Lehre verändert. Anwendungsfelder, Use-Cases und Gelingensbedingungen* (Arbeitspapier Nr. 87). Hochschulforum Digitalisierung.

Weßels, D. (2023). *Die Transformation der Hochschulprüfungen: ChatGPT und die Zukunft der Bewertungskultur.* Hochschule Osnabrück. https://www.hs-osnabrueck.de/fileadmin/HSOS/Homepages/LearningCenter/LLK_2023/Wessels-KI-Keynote-HS-Osnabrueck-2023-11-18.pdf. Zugegriffen am 27.08.2025.

Wilder, N., & Weßels, D. (2024). KI und das Ende des Einheitslehrplans? – Eine kritische Analyse: Eigenes Denken und Orientierungsfähigkeit im Fokus. *Weiterbildung – Zeitschrift für Grundlagen, Praxis und Trends, 34*(6), 30–33.

Wilder, N., Weßels, D., Gröpler, J., Klein, A., & Mundorf, M. (2022). Forschungsintegrität und Künstliche Intelligenz mit Fokus auf den wissenschaftlichen Schreibprozess –Traditionelle Werte auf dem Prüfstand für eine neue Ära. In K. Miller, M. Valeva, & J. Prieß-Buchheit (Hrsg.), *Verlässliche Wissenschaft – Bedingungen Analyse Reflexion.* wbg.

World Economic Forum. (2021). *Building a Common Language for Skills at Work. A Global Taxonomy.* http://www3.weforum.org/docs/WEF_Skills_Taxonomy_2021.pdf. Zugegriffen am 11.08.2025.

Wunder, M., & Giercke-Ungermann, A. (Hrsg.). (2025). *Digitalisierung in der Hochschulbildung für Soziale Arbeit.* Julius Klinkhardt.

Zentrum für Lernen und Innovation. (2024). *Handlungsempfehlungen für den didaktischen Einsatz von generativer KI in der Hochschullehre.* https://www.fernuni-hagen.de/zli/docs/6779_zli_-_ki-handlungsempfehlungen_-_broschu%CC%88re_-_din-a4_-_rz_web_20240319.pdf. Zugegriffen am 14.08.2025.

Zimmermann, T. (2024). *Leistungsbeurteilungen an Hochschulen lernförderlich gestalten. Prüfen, Beurteilen und Rückmelden von Lernleistungen.* Verlag Barbara Budrich.

MIX
Papier aus verantwortungsvollen Quellen
Paper from responsible sources
FSC® C105338

If you have any concerns about our products,
you can contact us on
ProductSafety@springernature.com

In case Publisher is established outside the EU,
the EU authorized representative is:
**Springer Nature Customer Service Center GmbH
Europaplatz 3, 69115 Heidelberg, Germany**

Printed by Libri Plureos GmbH
in Hamburg, Germany